生活中的
节能减排

（第二版）

赵先美　著

暨南大学出版社
JINAN UNIVERSITY PRESS

中国·广州

图书在版编目（CIP）数据

生活中的节能减排/赵先美著. —2 版 . —广州：暨南大学出版社，2018. 5
（2019. 4 重印）
ISBN 978 - 7 - 5668 - 2383 - 0

Ⅰ. ①生… Ⅱ. ①赵… Ⅲ. ①节能减排—中国—普及读物
Ⅳ. ①F424. 1 - 49

中国版本图书馆 CIP 数据核字（2018）第 088916 号

生活中的节能减排（第二版）
SHENGHUO ZHONG DE JIENENG JIANPAI（DIERBAN）
著 者：赵先美

出 版 人：徐义雄
策划编辑：潘雅琴
责任编辑：潘雅琴
责任校对：邓丽藤
责任印制：汤慧君 周一丹

出版发行：暨南大学出版社（510630）
电 话：总编室（8620）85221601
营销部（8620）85225284 85228291 85228292（邮购）
传 真：（8620）85221583（办公室） 85223774（营销部）
网 址：http：//www. jnupress. com
排 版：广州良弓广告有限公司
印 刷：广州市穗彩印务有限公司
开 本：787mm×960mm 1/16
印 张：13
字 数：186 千
版 次：2017 年 6 月第 1 版 2018 年 5 月第 2 版
印 次：2019 年 4 月第 3 次
定 价：38.00 元

第二版前言

《生活中的节能减排》出版以来，取得了良好的社会效益和经济效益。为适应当前节能减排及可再生能源新技术日新月异的发展趋势，在广泛征求了读者意见的基础上，决定出版该书的第二版。

第二版保留了第一版的基本内容和科普特色，并针对当前及今后可再生能源新技术发展态势，增添了"生活中可再生能源的应用"一章，本章主要介绍了各种可再生能源的基本知识、国内外利用现状及今后发展趋势，并系统地介绍了太阳能、风能、生物质能、地热能、水能及海洋能知识。其中太阳能部分介绍了较多的太阳能利用案例，如太阳能热水器、太阳能制冷、太阳能供暖、太阳能干燥、太阳能海水淡化、太阳灶、太阳能电池、太阳能光伏发电、太阳能建筑、太阳能路灯、太阳能汽车、太阳能帆船、太阳能飞机、太阳能冰箱、太阳能空调及太阳能（发电）抽水浇地等。风能部分介绍了风帆助航、风力提水、风力制热及风力发电等。生物质能源介绍了生物质能源的特点、分类，各种利用技术及实例等。地热部分介绍了地热供热、地源热泵、地热制冷、地热发电等。海洋能部分介绍了各种海洋能发电和海洋能海水淡化等。

本书对原版的第一至第六章内容也进行了充实完善。

本书图文并茂，内容新颖、丰富，并结合大量案例及插图，向读者，特别是青少年学生介绍日常生活中的节能减排，低碳生活及可再生能源知识，意在提高广大读者的节能低碳生活意识，增强节能环保的责任感和使命感。本书在撰写中尽量照顾读者的需求，集科学性、思想性、实用性、可读性和趣味性于一体，使各种节能减排、低碳生活及可

再生能源知识深入人心。

　　本书的出版得到了潘雅琴副编审的支持与帮助，她的许多意见及建议，为本书增色不少，特致谢意。本书由华南理工大学教授、博士生导师简弃非博士主审。在此致谢！

作　者
2018 年 2 月

前　言

近年来，能源及环境问题已成为全世界各国最关注的热点，各国都从本国国情出发解决面临的能源及环境问题。由于我国人均能源资源缺乏，尤其是石油、天然气、淡水更为短缺，中国人均原油储量仅占世界人均储量的 12%，天然气占 6%，水资源占 25%，森林资源占 16.7%，煤炭占 50%。中国目前已成为世界第二大能源生产国和第二大消耗国，我国的温室气体排放量已居世界第二位，近年来还在不断增长，照此速度发展，将在 10 年左右的时间超过美国，高居世界第一。

目前我国单位 GDP 的能耗是日本的 7 倍、美国的 6 倍，甚至是印度的 2.8 倍。由于资源利用率低，我国废弃物排放水平大大高于发达国家，每增加单位 GDP 的废水排放量比发达国家高 4 倍，单位工业产值产生的固体废弃物比发达国家高十余倍。而在日常生活中，浪费水、电、气、材等现象随处可见，比如长明灯、长流水、剩饭剩菜、电视及电脑长期待机、空调温度设置偏低、洗菜及洗浴水随意排掉等，不胜枚举。

能源及环境问题是一个庞大的系统工程，牵涉科技、文化、教育、传统习惯及政治等方面，且各方面相互影响。其原因是多层次的：工业结构不合理，如高能耗、低附加值产业多；制造业缺乏自主创新能力，处于低端；第三产业不够发达；技术相对落后和政策方面的原因等。节能往往是软指标，政策相互不配套，贯彻不力，管理职责不清，号召多，落实少。用能企业、机关及个人没有真正节能的驱动力和意识，更有传统习惯、文化、观念及道德层面等原因。而日常生活中的浪费现象，主要是后者造成的，所以通过全民科普节能减排知识，可尽量减少，逐渐杜绝此类现象发生。

广东作为中国经济大省，也是能源资源消耗和资源环境压力最大的省份之一，节能减排形势尤为严峻。倡导低碳生活、建设资源节约型和

环境友好型社会，显得更为重要和紧迫，这就需要我们转变价值观念和生活理念，需要每个人从日常生活和工作中的小事做起，节能减排，倡导低碳生活，保护生态环境。

本书详细介绍了各种最新、最适用的节电、节水、节气、节材等方法，其中节电涉及冰箱、空调、洗衣机、电视机、灯具、各种厨房电器、电脑、手机等。节水包括选择节水器具、回用中水及各种节水技巧等。节气包括选择节气器具及各种节气方法等。节材涉及节约用纸、杜绝过度包装、节约粮食、垃圾科学分类及回收再利用等。低碳生活集锦介绍了大量低碳着装、低碳饮食、低碳居住、低碳出行、低碳工作及低碳娱乐等常识。

本书结合大量案例及插图，以通俗易懂的语言、图文并茂的形式向广大读者，特别是青少年学生及老年人推介日常生活中的节能减排知识，以提高节能减排与低碳生活意识，从而树立节约观念，形成节能低碳的生活习惯，增强节约资源与保护环境的责任感和使命感，内容新颖，资料丰富。本书尽量照顾不同读者需求，把科学性、思想性、实用性、可读性和趣味性有机结合起来，力求使各种节能减排、低碳生活知识深入人心，并逐步付诸行动，从自身做起。

本书可作为各级各类学校学生的科普读物，还可作为公务员、企事业单位员工学习节能减排、低碳生活知识的参考用书。

本书的出版得到了暨南大学出版社潘雅琴副编审的大力支持与帮助，她对本书构思、撰写及其体例方面的建议，为本书增色不少。书中的插图得到了广州圣图文化传播有限公司周斌仲、宋庆扬等的帮助。最后全书由华南理工大学教授、博士生导师简弃非博士主审。特此一并致谢！

作 者
2017 年 3 月

目　录
contents

第一章　节能减排知多少

一、温室效应

（一）温室效应

温室效应又称"花房效应"，是大气保温效应的俗称。大气使太阳短波辐射到地面，地表受热后向外释放的大量长波热辐射线又被大气吸收，这样就使地表与低层大气温度升高，因其作用类似于栽培农作物的温室，故名温室效应。

（二）温室气体

温室气体是指任何会吸收和释放红外线辐射并存在大气中的气体。《京都议定书》中规定，需要控制的 6 种温室气体为：二氧化碳（CO_2）、甲烷（CH_4）、氧化亚氮（N_2O）、氢氟碳化合物（HFCs）、全氟碳化合物（PFCs）、六氟化硫（SF_6）。其中，后三类气体造成温室效应的能力最强，但按照全球升温的贡献百分比来看，二氧化碳含量较多，所占的比例最大，约为 55%。

图 1-1　工厂排放的温室气体　　　　图 1-2　工业废气

（三）温室效应的由来

温室效应主要是由于现代化工业社会过多燃烧煤炭、石油、天然气以及大量排放汽车尾气产生的二氧化碳进入大气造成的。造成温室效应的气体，除二氧化碳外，还有其他气体。其中二氧化碳约占 75%，氯氟代烷占 15% ~ 20%。

图 1 - 3 温室效应的由来

（四）温室效应对环境的影响

1. 全球变暖

科学家预测，今后大气中二氧化碳每增加一倍，全球平均气温将上升 1.5℃ ~ 4.5℃，而两极地区的气温升幅是平均值的三倍左右。全球气候变暖使大陆地区，尤其是中高纬度地区降水增加，非洲等地区降水减少。有些地区的极端气候事件，如厄尔尼诺、干旱、洪涝、

图 1 - 4 全球变暖

雷暴、冰雹、风暴、高温天气和沙尘暴等出现的频率与强度增加。

2. 地球上的病虫害增加

温室效应可使史前致命病毒威胁人类。美国科学家发出警告，全球气温上升令北极冰层融化，被冰封十几万年的史前致命病毒可能会重见

天日，致使全球陷入疫症恐慌，人类生命受到严重威胁。

3. 海平面上升

假如全球变暖正在发生，有两种情形会导致海平面升高：一是海水受热膨胀令海平面上升，二是冰川和格陵兰及南极洲上的冰块融化使海水增加。预测由 1900 年至 2100 年，地球的海平面平均上升幅度在 0.09 米至 0.88 米之间。

全球变暖将造成海洋混合层水温上升，而升温引起的热膨胀会造成海平面显著上升。同时，气温和海水温度的上升将造成极地冰冠的大量融化，融化的冰冠进入海洋，促使海平面上升。如果气温大幅度上升，将对极地产生巨大的影响，极地冰川和冰冠将大量融化，其对海平面上升的影响将远远超过海洋混合层热膨胀的影响。全球海平面上升的平均速度约为每 10 年 6 厘米，预计到 2030 年，海平面将上升 20 厘米，到 21 世纪末海平面将上升 65 厘米。海平面的这一变化将会给沿海地区带来以下灾难：①部分沿海地区被淹没；②海滩和海岸遭受侵蚀；③地下水位升高，导致土壤盐渍化；④海水倒灌与洪水加剧；⑤损坏港口设备和海岸建筑物，影响航运；⑥沿海水产养殖业将受到影响；⑦破坏供排水系统。

图 1-5　海平面上升

4. 气候反常

气候反常，极端天气多是因为全球性的温室效应，即二氧化碳这种温室气体浓度增加，使热量不能发散到外太空，使地球变成一个"保温瓶"，而且还是不断加温的"保温瓶"。全球温度升高，使得南北极冰川大量融化，海平面上升，导致海啸及台风时常发生，夏天非常热、冬天非常冷的极端天气增多。全球变暖还会使北极熊因无法猎食而死亡。

图 1 - 6　饿成皮包骨的北极熊

5. 土地沙漠化

土地沙漠化是一个全球性的环境问题。沙漠化使生物界的生存空间不断缩小，引起科学界和各国政府的高度重视。气候变冷和构造活动变弱是沙漠化的主要原因，人类活动加速了沙漠化的进程。中国科学家对罗布泊的科学考察为此提供了不可辩驳的证据。

二、 节能减排

（一）节能减排的含义

节能减排概念有广义和狭义之分。广义而言，节能减排是指节约物质资源和能量资源，减少废弃物和环境有害物（包括三废和噪声等）的排放；狭义而言，节能减排是指节约能源和减少环境有害物的排放。

总的来说，节能减排就是节约能源、降低能源消耗、减少污染物排放。节能减排包括节能和减排两大技术领域，两者既有联系，又有区别。一般来说，节能必定减排，减排却未必节能，所以减排项目必须加强节能技术的应用，以避免因片面追求减排结果而造成能耗增加，要注重社会效益和环境效益均衡。

（二）我国的节能减排目标

"节能减排"出自我国"十一五"规划纲要。《国民经济和社会发展第十一个五年规划纲要》提出了"十一五"期间单位国内生产总值能耗降低20%左右，主要污染物排放总量减少10%的约束性指标。根据这两个指标，我国GDP年均增长一成，五年内就需要节能6亿吨标准煤，减排二氧化硫620多万吨、化学需氧量570多万吨。

国家发展和改革委员会会同有关部门制订的《节能减排综合性工作方案》进一步明确了节能减排的目标和总体要求。主要目标是："到2010年，万元国内生产总值能耗由2005年的1.22吨标准煤下降到1吨标准煤以下，降低20%左右；单位工业增加值用水量降低30%。'十一五'期间，主要污染物排放总量减少10%，到2010年，二氧化硫排放量由2005年的2 549万吨减少到2 295万吨，化学需氧量（COD）由1 414万吨减少到1 273万吨；全国设市城市污水处理率不低于70%，工业固体废物综合利用率达到60%以上。"

三、 低碳生活

（一）低碳生活

低碳生活（low-carbon life），是指日常生活中所消耗的能量要尽可能减少，从而降低二氧化碳的排放量，减少对大气的污染，减缓生态恶化。低碳生活，通俗来说，就是注意生活中的节电、节水、节油、节气及回收再利用等。

（二）低碳经济

低碳经济是指在可持续发展理念的指导下，通过技术创新、制度创新、产业转型、新能源开发等多种手段，尽可能地减少煤炭、石油等高碳能源的消耗，减少温室气体排放，达到经济社会发展与生态环境保护双赢的一种经济发展形态。也就是说，低碳经济是一种减少高碳能源消耗的经济发展模式。

四、 节能产品与能效标识

（一）节能产品认证标志

中国节能产品认证标志可用来判断产品是否为节能产品，在很多电器上都能见到。大家在购买电器时，可以很放心地根据这个标志（图1-7）来识别该产品是否节能。

图 1-7　节能认证标志

（二）能效标识

能效标识为蓝白背景的彩色标识，顶部标有"中国能效标识（CHINA ENERGY LABEL）"字样的彩色标签，背部有黏性，一般粘贴在产品的正面面板上。

（1）冰箱、电饭锅、电磁灶等能源效率标识的基本样式和规格如图 1-8 所示，分为 1、2、3、4、5 共 5 个等级。不同等级分别由不同

的颜色和长度来表示。最短的是深绿色，代表未来的节能方向，也就是国际先进水平，其次是绿色、黄色、橙色和红色。等级指示色标是根据色彩所代表的情感安排的，其中红色代表禁止，橙色、黄色代表警告，绿色代表环保与节能。等级1表示产品达到国际先进水平，最节电，即耗能最低；等级2表示比较节电；等级3表示产品的能源效率为我国市场的平均水平；等级4表示产品能源效率低于市场平均水平；等级5是市场准入指标，低于该等级的产品不允许生产和销售。

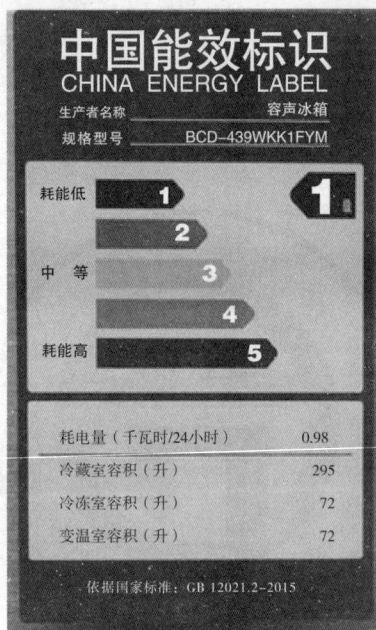

图1-8　冰箱能效标识

（2）空调、洗衣机、电热水器、电风扇等能源效率标识样式和规格如图1-9所示，分为1、2、3共3个等级。等级1表示产品达到国际先进水平，最节电，即耗能最低；等级2表示比较节电；等级3是市场准入指标，低于该等级的产品不允许生产和销售。

中国能效标识
CHINA ENERGY LABEL

生产者名称　　　　　海尔空调
规格型号　KFR-50LW/Q2HBF12（润白）

耗能低　　1
　　　2　　　　　2级
耗能高　　3

能效比　　　　　　　3.42

输入功率（W）　　　　1490
制冷量（W）　　　　　5090

依据国家标准：GB 12021.3-2010

图1-9　空调能效标识

（三）如何购买节能产品？购买节能电器能省钱吗？

　　大家在购买电器时，建议依据中国节能产品认证标志来选购，这样不仅能节能，还能省不少钱。认真查看产品明显部位上粘贴的能效标识和节能认证标志，通过仔细比较、简单计算就可购买到满足需要的、理想的节能电器。

　　购买节能电器能否省钱，这取决于购买成本（零售价）和运行成本（主要是电费、燃气费等）。一般来说，节能电器售价比普通电器要高，但是运行成本较低。举个例子：假设一台节能冰箱比同类型的普通冰箱贵800元，但每天能节省0.5度电，冰箱的寿命一般为10年，那么一共可以节省1 825度电。以广州市当前电价0.61元/度计算，可节省1 113.25元。总的来算，节省313.25元。如果考虑广州阶梯电价（现行的居民第一档电价是0.61元/度，第二档电价是0.66元/度，第三档电价是0.91元/度）及电价上涨因素，会省更多钱。当然，如果节能冰箱比普通冰箱贵1 113.25元以上，那就有些不划算了。

（四）阶梯电价

根据广东省物价局《关于我省居民生活用电试行阶梯电价有关问题的通知》，2012 年调整后广州三档居民的用电价是：

第一档 0.61 元/度（5—10 月：夏季每户每月 260 度以内，非夏季 1—4 月、11—12 月每户每月 200 度以内）；

第二档 0.66 元/度（5—10 月：夏季 261～600 度，非夏季 1—4 月、11—12 月 201～400 度）；

第三档约 0.91 元/度（5—10 月：夏季 601 度以上，非夏季 1—4 月、11—12 月 401 度以上）。

举例如下：

假如夏季广州某 A 户居民耗电 630 度，具体收费将比原来多付 $(630-600)\times(0.91-0.61)+(600-260)\times(0.66-0.61)=26$（元）。而某 B 户居民耗电 430 度，具体收费将比原来多付 $(430-260)\times(0.66-0.61)=8.5$（元）。

如果是非夏季的话，A 户收费将比原来多付 $(630-400)\times(0.91-0.61)+(400-200)\times(0.66-0.61)=79$（元）。B 户居民收费将比原来多付 $(430-400)\times(0.91-0.61)+(400-260)\times(0.66-0.61)=16$（元）。

图 1-10　节约用电，刻不容缓

（五）他山之石

日本针对居民生活用电，采用分段电价制：第一段为120度，是生活必需用电，电价最低；第二段为121～250度，属阶梯电价，电价与电力平均成本持平；第三段为250度以上，电价最高，反映电力边际成本的上涨趋势，促进能源节约。

第二章　生活中如何节电

目前我国居民用电已占全社会用电量的 12% 左右，其中冰箱、空调、电热水器就占居民用电的 80% 以上。空调、冰箱平均用电分别高居第一、第二位。

一、 家用冰箱节电窍门

（一） 选购节能家用冰箱

1. 选用节能冰箱

与普通冰箱相比，节能冰箱具有更强的保温性能，耗电更少。以一台 268 升的节能冰箱为例，10 ~ 12 年可节省电费 2 000 元左右。

2. 选购冰箱容积要适量

选购冰箱的规格大小应根据自己家庭的实际需要，不要买过大的冰箱。从我国居民的饮食习惯看，家用冰箱以每人平均容积 60 升为宜。因此，三口之家可考虑选购 180 升左右的冰箱，五口之家可考虑选购 300 升左右的冰箱。

3. 冰箱门应密闭性良好

冰箱门应密闭性良好，门封与箱体之间四周应严密吻合。检查密闭性时可在门与箱体之间夹一张纸，如果关上门后，纸可轻易拉动，则表明需要重新调节。旧冰箱也可用此方法测试，如果密闭性不良，应该及时进行维修或更换。

（二） 家用冰箱节电窍门

1. 合理摆放冰箱

冰箱应摆放在阴凉、通风的地方，远离热源，避免阳光直射。为了方便冰箱散热，摆放冰箱时，左右两侧及背部都要留有空隙。

2. 食物凉后入冰箱

直接将热的食品放入冰箱会提高冰箱内部温度，增加耗电。同时，食物的热气还会在冰箱内结霜沉积，影响冰箱正常运行。因此，热饭、热菜、热汤等应先放置一段时间，待降至环境温度后，再放入冰箱内。

3. 冰箱冷柜要密闭

要确保冰箱或冷柜门密闭性良好，防止冷气逸出，增加耗电。

4. 食物储藏有讲究

食物应该分门别类存储在冰箱的冷藏室、冰温保鲜室和冷冻室内，如图 2-1 所示。蔬菜、水果等水分较多的食物，应洗净沥干，用保鲜袋包好后再放入冰箱的冷藏室，这样可以减少水分蒸发，缩短除霜时间，节约电能。

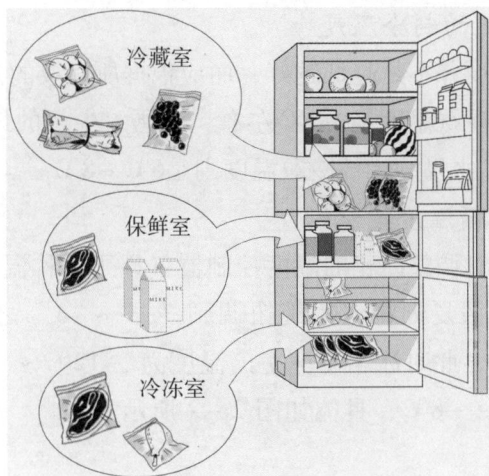

图 2-1　食物分类储藏

5. 避免反复冷冻食物

对于那些块头较大的食物，可根据家庭每次食用的分量分开包装。由于体积小容易冻透，用小包装比较省电，在存入冰箱前可按每次用量分成几份包装，然后再放入冰箱。每次只取出一次食用的量，而无须把大块食物都从冰箱里取出来，用不完再放回去。避免反复冷冻浪费电力，破坏食物。

6. 提前解冻法

上班前，最好把当天要吃的食物从冷冻室移到冷藏室，下班时食物就解冻了，无须再用微波炉来解冻，同时冰箱的冷藏室也可以利用解冻的冷气保持环境低温，省电节能。

7. 紧密包装食物

冷藏时，包装不善会使食品味道逸散并变干，食品中逸散的水分还会结霜沉积，影响冰箱正常运行。紧凑的包装使食物保鲜效果更好。

8. 整理冰箱食品摆放

为促进冰箱内冷气流通，摆放食品时不宜过多过挤，食品之间应留有适当空隙。

9. 选择合适的制冷温度

冰箱制冷温度并不是越低越好，而应根据所存放的食品而定。如鲜肉、鲜鱼的最佳冷藏温度是 $-1℃$ 左右，鸡蛋、牛奶的最佳冷藏温度是 $3℃$ 左右，蔬菜、水果的最佳冷藏温度则是 $6℃\sim8℃$。

10. 巧用冰箱温度控制器

根据季节及时调整冰箱的温度控制器（以下简称温控器），是冰箱省电的关键。一般夏天将温控旋钮调到 "2"~"3" 之间，冬天调到 "1"~"2" 之间，此时冰箱冷冻室的温度为 $-12℃\sim-15℃$，冷藏室的温度为 $-6℃\sim-8℃$，具体如图 2-2 所示。

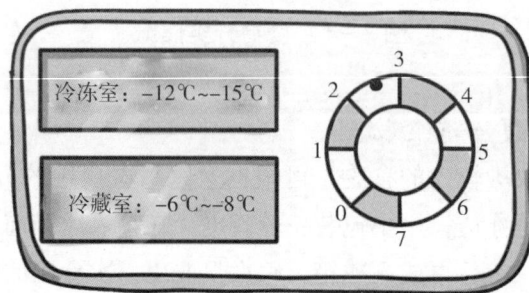

图 2-2　巧用冰箱温控器，选择合适的制冷温度

11. 冰箱及时除霜

冰箱冷冻室挂霜太厚会影响制冷效果，一般霜厚度超过 6 毫米就应该及时除霜。完成冰箱清洁作业后，要先使其干燥，否则又会立即结霜，这样也要耗费电能。

12. 晚间制冰效率高

夏季大家喜欢自制冰块和冷饮，为提高效率，最好安排在晚间。晚上气温较低，有利于冷凝器散热，同时夜间较少开冰箱门存取食物，压缩机工作时间较短，比较省电。

13. 尽量少开冰箱门，缩短开门时间

打开冰箱门时冷气会逸出，热气进入，频繁开关冰箱门不仅耗电，还会影响冰箱的制冷效果，因此要尽量减少开门次数。冰箱里的食品应该快取快放，开门角度以方便取放食物即可，不宜太大。尽可能缩短开门时间，以节约电能。

图 2-3　食品取放有讲究，缩短开门时间、少开门

14. 预防漏冷

在冰箱盛水盘上方的滴水管道，是冰箱与外界空气直接进行交换的唯一通道，所以漏冷现象是不容忽视的。用一团棉花裹在滴水漏斗上，然后用细绳或胶布包扎好，能达到省电的目的。在夏天环境温度为35℃以上时，甚至可以省电10%以上。

二、 家用空调节电窍门

（一）选购节能家用空调

1. 选用能效比高的空调

能效比是空调制冷量与制冷功率的比值。能效比愈高说明该空调的能效水平愈高，制热时亦相同。

2. 选择制冷能力适中的空调

购买空调时，空调功率应适宜，并非功率越大越好，而是要综合考虑房间的大小、密闭程度及保温能力等因素，房间面积、空调型号、功率与制冷量关系具体如表 2-1 所示。一般来说，长时间使用空调的家庭应尽量选择变频空调。

表 2-1　房间面积、空调型号、功率与制冷量关系

房间面积（平方米）	家用空调型号	功率（马力）	制冷量（瓦）
＜12	KF-20G，KC-20	小1匹	2 000
15~18	KF-25G	1匹	2 500
20~25	KF-35G	1.5匹	3 500
30	KF-50L	2匹	5 000
40	KF-75L	3匹	7 500
50	KF-100L	4匹	10 000
60	KF-120L	5匹	12 000

3. 选用变频空调

变频空调压缩机电机转速可变，避免了压缩机的频繁启动。与定速空调相比，变频空调节电，温度波动小，舒适性强，制冷速度快。

（二）房间空调节电窍门

1. 将室内空调温度调高 1℃

适当调高空调温度，舒适度并不会有明显影响，还可以节能减排。如果每台空调在国家提倡的 26℃ 基础上调高 1℃，能节电 7% 左右，如果每天开机 10 小时，那么 1.5 匹的空调可节电 0.7 度，每年（5—10 月共计 6 个月）可节电 120 度，相当于减排二氧化碳 94.2 千克。

图 2-4 合理使用空调

2. 使用"睡眠"功能

由于人在睡眠时，代谢量减少 30% ~ 50%，所以晚上可将空调器设定为"睡眠"状态，这一功能将在人入睡后逐步将室内温度自动提高 2℃ 左右，不仅可以让人获得舒适睡眠，还可以省电 10% 以上。空调遥控器面板如图 2-5 所示，其右下按键为"睡眠"功能键。

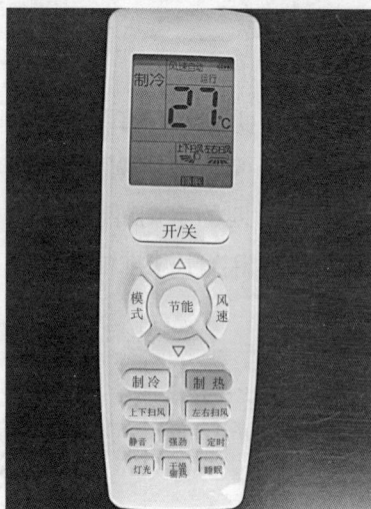

图 2 - 5 空调遥控器（右下按键为"睡眠"功能键，目前为"睡眠"状态）

3. 使用"节能"功能

调节遥控器将空调设定为"节能"状态，则空调温度自动设置为 26℃。

4. 使用"定时"功能

将遥控器对着空调，按下"定时"键，显示屏上会显示"××小时后开机"并闪动。通过按"↑""↓"键可以调节时间，计算好时间调整到自己需要的数目。比如现在是早上 8 点，下午 5 点半下班，6 点钟能够到家，那么可以将时间调整为"9.5 小时后开"，然后按下"定时"键，空调会发出"嘀"的一声，同时屏幕不再闪动，这样就设置成功，空调将在下午 5 点半自动开机，6 点到家时就有一个舒适的环境了。

接下来是定时关机。定时关机必须在空调运行的情况下进行，将遥控器对准空调，按下"定时"键，遥控器屏幕上会显示"××小时后关机"的字样并闪动。通过按"↑""↓"键可以调节时间，计算好时间调整到自己需要的数目，然后按下"定时"键，空调会发出"嘀"的一声，同时屏幕不再闪动，这样就设置成功了。

（a）定时关机状态　　　　　　（b）定时开机状态

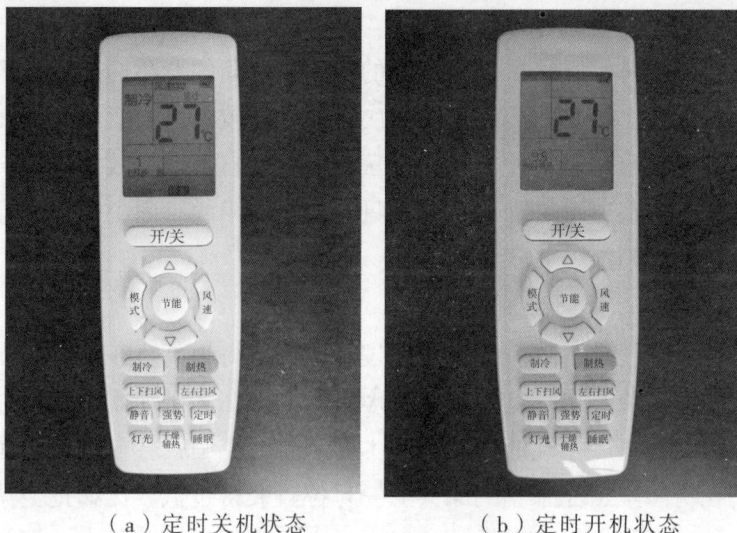

图2-6　空调遥控器定时功能

5. 定期清洗空调的空气过滤网

空调的过滤网如果沾灰尘多了，会影响空调的通风量，使空调用电增多，严重时还会引起压缩机过热，保护器跳闸。通常每隔2~3周清洗一次比较适宜，定期清除室外机散热片上的灰尘。对于拥有较多空调器的用户，每隔2~3年，应请专业的空调清洁公司对空调的室外和室内的换热器表面进行清洁工作，以提高换热器的换热效率，达到节能的目的。

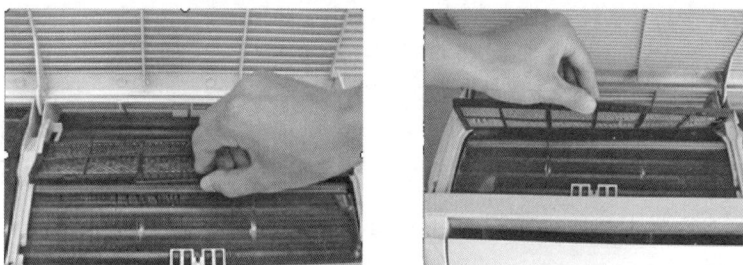

图2-7　空调的空气过滤网及其拆装示意图

6. 安装空调选朝向

安装空调时，应尽量选择背阴的房间或房间的背阴面，避免阳光直接照射在空调上。北面最好，东面次之，南面较差，西面最差。因为夏日阳光灼热很容易把室外机晒热，从而使空调自身散热效果降低，增加电力消耗。实在迫不得已，室外机只能装在向阳的一面，则应该在室外机顶部装上遮阳篷。

7. 安装高度要注意

根据冷空气重、热空气轻的原理，空调装得越高，在制冷时需要工作的时间就越长。从省电的角度考虑，空调装在高于地面 1.6 米左右最为合适。因为当冷空气的高度达到 1.6 米时，空调就会自动停机了，而此时人在房间里也能感觉到凉爽。一旦位置装得过低，比如把空调装在窗台上，抽出的空气温度低，相对来说空调在做无功损耗，上层的热气并没得到有效制冷。另外，室外机高出地面至少 75 厘米，以免尘土扬入，污染散热片，以致增加耗电量。

8. 配合电风扇使用

电风扇能使室内冷空气加速循环，使冷气分布均匀，不需降低空调设定温度，就可达到较佳的制冷效果。

9. 变频空调好处多

普通空调在运行达到设定温度后会自动停机，待温度超过设定温度后再开机，如此循环以维持房间温度。而变频空调是在低频状态下稳定运行维持温度，大大减少环境温度的波动，没有忽冷忽热的毛病，从而提高舒适度，同时降低了能耗。制冷、制热的速度比常规空调快 1 ~ 2 倍。

10. 关闭门窗开空调

使用空调的房间要关闭窗户，不要频繁开门，以减少热空气渗入。对于有换气功能的空调或窗式空调，在室内无异味的情况下，无须经常开门换气。使用空调的房间，最好挂一层较厚的窗帘，这样可阻止室内外冷热空气交换。

11. 保持空调出风口通畅

空调出风口应保持通畅，不要堆放杂物阻挡出风口散热，以免增加

不必要的电耗。

12. 改进空调房间结构

为了减少冷气损耗，对于门窗缝隙较大的房间，可用胶带封住窗缝，并在玻璃窗外贴一层透明的塑料薄膜，朝阳的房间可使用遮阳窗帘，西晒的房间可在墙外涂刷白色涂料或在室内墙壁贴木制板、塑料板等。

三、 洗衣机节电窍门

（一）不同型号洗衣机比较

目前市场上销售的家用洗衣机主要有两种，即全自动波轮式洗衣机和全自动滚筒式洗衣机。前者型号为 XQB 系列，后者型号为 XQG 系列。它们的工作原理不同，其用水量、耗电量、洗净率及磨损率各有优劣，综合比较如表 2 - 2 所示，消费者可根据自身情况选择。

表 2 - 2　波轮式与滚筒式洗衣机性能对比

洗衣机型号	波轮式（XQB 系列）	滚筒式（XQG 系列）
洗净率	高	较低
磨损率	较高	低
洗涤均匀性	较差	好
洗涤时间	短	长
耗电量	较少	较多
用水量	较多	少
洗涤剂用量	较多	少
噪声、振动	较低	较高
体积	较小	较大
洗衣量	较少	较多
结构	较简单	复杂

（二）洗衣机节电窍门

1. 确定洗衣时间

应根据衣物的数量、质地和脏污程度来确定洗衣时间。一般合成纤维和毛织品，洗涤 2~4 分钟；棉麻织物，洗涤 5~8 分钟；极脏的衣物，洗涤 10~12 分钟。洗涤后漂洗 3~4 分钟即可。相应地缩短洗衣时间不仅可以省电，而且还可延长洗衣机和衣物的使用寿命。甩干衣物时，一般勿超过 3 分钟，尼龙衣物 1 分钟足够。

2. 合理选择洗涤功能

洗衣机有弱、中、强三种洗涤功能，其耗电量也不一样。一般丝绸、毛料等高档衣料，只适合弱洗；棉布、混纺、化纤、涤纶等衣料，常采用中洗；只有厚绒毯、沙发布和帆布等织物才采用强洗。

3. 集中洗涤

洗涤时最好采用集中洗涤的方法，即一桶含洗涤剂的水连续洗几批衣物，洗衣粉可适当增添，全部洗完后再逐一漂洗，这样可以省电、省水，还可节省洗涤时间。

4. 及时维护保养

如洗衣机使用的时间为 3 年以上，发现洗涤无力，应更换或调整洗涤电机皮带，需加油的地方应加入润滑油，使其运转良好，达到节电效果。

洗衣机使用一段时间后，带动洗衣机的皮带波轮往往会打滑。皮带打滑时，洗衣机的用电量不会减少，但是洗衣的效果却变差。如果收紧洗衣机的皮带，就会恢复它原来的效果，达到节电的目的。

5. 低泡洗衣粉可省电

优质低泡洗衣粉有极强的去污能力，漂洗却十分容易，一般比高泡洗衣粉少 1~2 次漂洗时间。

6. 脏衣先浸泡洗净效果好

衣物提前浸泡 15 分钟，可以提高洗净效果，同时省电。在浸泡、洗涤、漂洗时，要将浅色衣物与深色衣物分开，按从浅到深的顺序进行。这样不仅可避免深色衣物染花浅色衣物，还可根据脏污的程度选择

洗涤时间，有利于节电。

7. 峰谷分时段洗衣

在执行峰谷分时电价地区，选择晚间或早晨的低谷时段洗衣，可以大大节约电费开支。

8. 未来洗衣机的能效标识信息

未来洗衣机能效标识将不仅包括能源效率等级，还包括节水等级的信息，这样可以指导消费者购买既省电又节水的洗衣机。新的《家用电动洗衣机国家标准》，按洗净比、节能、节水、噪声、含水率和寿命六项指标，把洗衣机从高到低依次分为 A、B、C、D 四个等级。A 等级代表国际先进水平，B 等级代表国内先进水平，C 等级代表国内中等水平，D 等级代表国内一般水平，低于 D 等级的洗衣机禁止销售。

四、 电视机节电窍门

（一）选购节能电视机

1. 分辨率

分辨率是衡量液晶电视机性能高低的一个重要标准，目前市场上主流的分辨率参数是 1 366 × 768 和 1 920 × 1 080。高清平板电视机在水平和垂直方向上的清晰度要高于 720 线，简单来说就是真正的高清平板电视机必须满足分辨率高于 1 366 × 768 这一条件。

2. 响应时间

响应时间也很重要，它能决定在显示高速动态画面时是否会出现模糊和拖尾现象。目前主流的 8 毫秒响应时间基本可以满足使用要求。一般来说，反应时间越快，液晶电视就会越少出现拖尾、残影现象。最好在购买前看看实际播放动作片的效果。

3. 售后服务

同等条件下，应挑选保修期长的厂家。售后服务主要是看液晶屏幕的保修期。一般情况下，厂商都提供整机免费保修一年，其他部件免费保修三年的服务。需要壁挂使用的液晶电视机，建议要求厂商上门专业

安装。按照目前国家新发布的平板电视机安装服务标准，专业厂商应该都能提供上门安装服务。

4. 亮度、对比度

消费者可以直接忽略厂商提供的亮度和对比度参数，直接以自己的视觉感受为主，方法为在 5 米以外的距离，查看屏幕显示亮度和对比度，注意一些黑暗场景中的细节表现，可以多对几款产品进行对比。

5. 尺寸

了解摆放电视机的房间大小，从而确定应该选购多大尺寸的电视。比如 42 英寸液晶电视机的最佳收视距离是 2.5 ~ 3.3 米，47 英寸液晶电视机的是 3 ~ 4 米，55 英寸液晶电视机的是 4.5 ~ 5.5 米，用户可以根据自己家里的实际情况来选择电视机的尺寸。

6. HDMI 接口

HDMI 接口是可以同时传输音频和视频信号的数字接口，它不但可以简化连接，减少连线负担，而且可以提供庞大的数字信号传输所需带宽。强调这一接口的重要性主要在于现在新式的和未来的碟机、电脑、家庭影院等设备，都会积极采用这一接口，而应用这一接口来与这些设备连接，无疑可以获得最好的效果。

7. 坏点

在购买之前一定要仔细观察屏幕上是否有亮点和暗点。在白屏的时候寻找暗点，黑屏的时候寻找亮点。一个辨别坏点的小窍门是——在全绿屏的时候找暗点，全蓝屏的时候找亮点。这样一旦有亮点或者暗点就非常容易看出来了。

8. 音质

各个厂家在这方面都有自己的卖点，如 Surround 三维空间环绕声、SRS 虚拟环绕声、BBE 立体声音效、分频扬声器、DDAS 数字动态声谷、以及各式各样的音频解码芯片和引擎等，可谓种类繁多。但是这些东西除了部分专业人士和音乐发烧友可以看懂之外，对普通的消费者并没有带来实际的意义。所以消费者挑选时应该拿定主意，听一听音质好坏最关键。

9. 遥控器

挑选时最容易被忽视的就是遥控器。好的遥控器回弹力强，入手也给人很敦实的感觉，而差的遥控器通常显得很轻，其原因是除了里面的元件做工不同以外，外壳采用的材质也不同。例如遥控器上下外壳的结合紧密程度，好的结合非常紧密，差的结合疏松。好的按键只要用适当的力度就可以按下，弹性好，回弹有力度。最后还可以敲敲听声音，差的遥控器听起来里面像是空的，而好的遥控器由于做工实在，听起来像是实心的。

10. 设计

选择液晶电视机，还需要关注产品设计与自己的使用需求是否相符合。如平板电视机外观与家居设计的融合眼下受到前所未有的关注，因此外形也不能不考虑。再如主动背光调节、无线耳机接收等功能都会影响到使用感受。此外，音箱的设计尤其重要，因为声音不好一定会影响观看效果。

目前16∶9的液晶屏已经是电视机发展的主流，这使得液晶电视机普遍在纵向延伸了机身长度，卧式液晶电视机音箱设计使得16∶9显示屏的液晶电视机整体布局更加协调。另外，卧式音箱设计有利于人声对白的表现，让人更身临其境，其作用类似于环绕声系统中的中置音箱。在环绕声系统中，70%的声音都是发自中置音箱。

(二) 电视机的节电窍门

1. 避免电视机待机

电视机每小时耗电约0.2度，居家用电的二氧化碳排放量（千克）＝耗电量×0.785。如果每天少开一小时电视机，每月可减少二氧化碳排放0.2度×30天×0.785＝4.71千克。

现在，有相当一部分电视机在用遥控器关机，在关闭了电视机上的电源开关后，就实现了关机，尽管电源插头还在接线板上，但由于没有回路，所以几乎不耗电。但是也有一些电视机，只要不拔掉电源插头，电视机就仍然处于待机状态，自然就要消耗一些电能。判断电视机关机后是否还耗电，一般可以看关机后的指示灯是否还亮着，只要指示灯还

亮着，电视机就处于待机状态，也就是依然在耗电。

2. 屏幕大小要合适

一般来说，40英寸和42英寸的电视机每小时耗电0.09~0.25度，46~52英寸的电视机每小时耗电0.26~0.31度，而65英寸的电视机平均每小时耗电0.56度。因此，我们在购买电视机的时候不要盲目求大，最好根据房间大小来选择，否则只会增加不必要的碳排放。大尺寸的电视机耗电量大，观看距离也较远，适合较大的房间；反之，小房间则要挑选尺寸比较小的电视机。

3. 屏幕亮度应适宜

电视机屏幕的亮度越大，消耗的电能越多，反之则越小。为了节约用电，应正确调整电视屏幕亮度，并且关闭大功率照明灯，调节到比较适宜的对比度。看电视时只需开一只10瓦以下的照明灯，这样既可保护视力，又不影响电视屏幕亮度。白天收看电视应拉上窗帘，最好不要开足电视机亮度。此外，要经常用棉球蘸无水酒精，由电视屏幕中间向四周擦拭，保持荧光屏的洁净，这样在看电视时就可把亮度调小一些。

4. 电视机音量要适中

收看电视时，音量的大小也是与耗电量成正比的，每增加1瓦的音频功率就会增加3~4瓦的功耗，音量越大，耗电量越多，而且开得过大，不仅音质失真，还会缩短电视机的使用寿命。所以，在收看电视节目时音量适中即可，只要能听清，就没必要开得太大，而且适中的音量，能听到最佳音质。

5. 每天少开半小时电视机

每天少开半小时电视机，每台电视机每年可节电约20度，相应减排二氧化碳15.7千克。如果全国有十分之一的电视机每天减少半小时的开机时间，那么全国每年可省电约7亿度，相应减排二氧化碳55万吨。

6. AV制式观影碟

在家观看影碟时，应将电视机制式调到AV状态，因为该制式下信

号是直接接入电视机的，减少了电视机高频头工作，从而减少耗电。

7. 电视机及时关电源

看完电视后，不能只用遥控器关机，而要及时关掉电视机上的电源。因为遥控关机时，电视机仍处在整机待机状态，电视机仍然在耗电。

8. 合理使用电视机

收看电视节目时，不要频繁开关电视机。如果电源电压变化过大，最好用稳压器。白天要避免阳光直射电视机屏幕。

图 2-8　合理使用电视机

五、 家庭照明节电窍门

（一）选择节能灯具

（1）首选知名品牌。应使用国家质量技术监督局公布的质量合格

品牌，不要使用劣质品。购买时要确认产品包装完整，标志齐全，要选购有三包承诺的产品。外包装上通常会对节能灯的寿命、显色性、正确安装位置做出说明。购买节能灯的时候也可以参考有无"CQC"（质量认证）和"节"字（节能认证）两种认证标志，前者如图2-9所示。后者见图1-7。

图2-9　CQC质量认证标志

（2）有无国家级的检验报告。打开包装后，节能灯上还应有一些必要的标志，主要有电源电压、频率、额定功率、制造厂的名称和商标等。用软湿布擦拭，标志应清晰可辨。

（3）有无能效标签。国家目前已对节能灯具出台能效标准，达到标准的才有能效标签，即平均寿命超过8 000小时的节能灯产品才可以获得。

（4）注意灯上标注的使用电压。如果低电压的节能灯在高电压下使用，就会被烧坏。

（5）考虑电子镇流器的技术参数。镇流器是照明产品中的核心组件。能效国家标准重点规定了镇流器的能效限定值和节能评价值。

（6）外观的选择。灯具装饰的种类繁多，在选择整灯时，要注意塑料外壳的材料及特性，最好是耐高温及阻燃的。

（7）购买前试一下。看到称心如意的节能灯具后，不要着急付款，一般商店都会提供灯座给消费者测试灯管，确保节能灯能工作正常。测试时将节能灯通电，开灯 5 秒后，关灯 55 秒，观察灯丝发黑发黄的情况，一般无黑黄的节能灯较好。此外，还可以观察灯管在通电瞬间的发光情况。正常情况下，灯管发光一开始有点暗，几秒后，突然变得很亮，这样的灯管比一通电后立刻就变得很亮的灯的使用寿命更长。

（8）高品质节能灯的暖光设计和高超的显色技术，让光色悦目舒适。用户可按个人喜好，选择与家居设计相匹配的灯光颜色。

（9）灯管在通电后，还应该留意一下，荧光粉涂层厚薄是否均匀，这会直接影响灯光的正常照明效果。

（10）看安全要求。在安装、拆卸过程中，看灯头是否松动，有无歪头现象，是否绝缘。

（11）要看使用寿命。合格的自镇流荧光灯在正常使用时必须达到 8 000小时以上，如达不到标准，即为劣质品。

（12）看灯的材质。看灯的外观材料是否耐热、防火，灯中的荧光粉是否均匀。如果未使用就出现灯管两端发黑现象，均为不合格产品。

（13）做对比试验。优质节能灯所发的光与白炽灯完全一样，给人一种舒适的感觉，如果直视灯泡会感到刺眼。劣质或者假冒产品则不具有这样的特点，所发的光像蒙了一层灰，光色不舒适。在这种光的照射下，颜色会失真，直视灯泡也不会有刺眼的感觉。

图 2 - 10　节能灯

（二）一盏灯配一个开关

为避免不必要的电力浪费，尽量为每盏灯设置开关，以便灯具可以单开单关。

（三）尽量减少开关灯的次数

灯的寿命和开关次数有关，每开关一次，灯的寿命大约降低 3 天。因此应尽量减少灯的开关次数。

（四）照明灯安装的高度和位置有讲究

照明灯具安装的高度和位置影响照明效果。照明灯具装得越低，照度越高。如 20 瓦的日光灯，装 1 米高，照度是 60 勒克斯；0.8 米高，照度是 93.75 勒克斯。高度适当降低可减少瓦数，节约用电。

（五）节能灯省电耐用

节能灯与同样亮度的白炽灯相比，可以节电 80% 以上。一个 8 瓦节能灯的照明效果超过 60 瓦的普通灯泡，而且节能灯的使用寿命可达 8 000 小时，为白炽灯的 8 ~ 10 倍。

（六）日光灯管维护技巧

日光灯管使用一段时间后两端会变黑，照明度降低。可以把灯管取下，将两端接触极颠倒一下。这样不仅可以延长日光灯管的寿命，还可以提高照明度。

（七）利用反射与反光装置

如果给灯配上合适的反射罩可提高照度，利用室内墙壁的反光可提高照度 20% 左右。

（八）关闭不用灯，避免长明灯

楼道照明尽量采用声控节电装置。房内无人时应及时熄灯。看电视时，只开一盏小灯，不仅节省电能，而且保护视力。

（九）楼道或卫生间可安装感应照明灯具

如图 2 – 11 所示，为夜间使用方便，可在楼道或卫生间安装感应照明灯，可有效节电。

图 2 - 11　在楼道或卫生间安装感应照明灯

六、 厨房电器节电窍门

（一） 电饭锅节电妙招

1. 选购节能电饭锅

节能电饭锅的能效等级分为一至五级，一级最节能，二级次之，三级、四级以此类推，五级刚刚达到国家标准。对同等重量的食品进行加热，能效一级的电饭锅要比能效二级的电饭锅省电约 20%，二级又比三级省电 20%，如每台每年省电约 9 度，相应减排二氧化碳 7.07 千克。如果全国每年有 10% 的城镇家庭更换电饭锅时选购更节能的电饭锅，则可以节电 0.9 亿度，相应减排二氧化碳 7.07 万吨。

2. 选择功率较大的电饭锅

通过实验证明，煮等量的米饭，700 瓦的电饭锅比 500 瓦的电饭锅要省电。煮 1 千克的饭，500 瓦的电饭锅需要 30 分钟，耗电 0.25 度；而 700 瓦电饭锅大约需要 20 分钟，耗电仅 0.23 度。功率大的电饭锅，

省时又省电，而在 800 瓦左右更节能。应根据平时所煮饭量的多少选用功率适当、保温性能好的电饭锅。

3. 准确测试放水量

在使用电饭煲的时候，除按照说明书规定的水量放水外，还应注意按不同米质放水，并逐步摸索精确的加水量。水若放多了，电饭煲会将锅中的水全部蒸发后才能进入保温状态，这样既耗电，又会使饭过烂，而失去应有的美味。

4. 先泡米再煮饭

煮饭时，淘洗的米浸泡 10 分钟再煮，煮饭所用的时间可大大缩短，节电约 10%。淘米次数要合理，大米含有人体必需的营养，但米粒表层的营养成分在淘米时会随水流失，淘米次数过多，既容易导致营养流失又浪费用水。一般淘洗一次即可。

5. 电饭锅切勿当电水壶用

用同样功率的电饭锅和电水壶烧 1 瓶开水，电水壶只需 5～6 分钟，而电饭锅则需要 20 分钟左右。

6. 饭煮好后立即拔下电源插头

如果没有拔下电源插头，当锅内温度降到 65℃ 以下时，它会断断续续地自动通电，既费电又缩短锅的使用寿命。

7. 巧用电热盘余热

当电饭锅的红灯熄灭、黄灯亮时，表示米饭已熟，可关闭电源开关，利用电热盘的余热保温 10 分钟左右。

8. 尽量避免高峰用电

同样功率的电饭锅，当电压低于其额定值的 10% 时，则需要延长用电时间 12% 左右，因此提倡在用电高峰的时候最好不用或少用电饭锅。

9. 及时清洁，保持导热性

电饭锅的内锅是每次使用后必须重点清洁的部分，如果内锅使用过久而又不及时清洁的话，会使内锅底部与外表面形成一层氧化物，影响热传导。可以将其浸在水中，用较粗糙的布或零号细砂纸擦拭，直到露

出金属本色光泽为止。而电热盘如果被油渍污物附着，会出现一层焦炭膜，也会影响导热性能，增加电耗。

图 2 - 12 　电饭锅煮饭节能

（二）微波炉节电窍门

1. 如何选购微波炉

（1）选择贴有"CCC"认证标志的微波炉。微波炉是列入第一批国家强制性安全认证目录的产品。消费者在选购时，一定要选择贴有"CCC"认证标志，并标有相应工厂代码和认证证书编号的产品。所谓 3C 认证，就是中国强制性产品认证制度，英文名称为 China Compulsory Certification，英文缩写是 CCC。它是为保护消费者人身安全和国家安全、加强产品质量管理、依照法律法规实施的一种产品合格评定制度。3C 认证标志如图 2 - 13 所示。

图 2 - 13 　3C 认证标志

（2）检查产品的使用说明书、合格证、保修卡以及附件是否齐全。

仔细查看产品的标志和使用说明书是选购微波炉的好方法。国家强制性标准《家用和类似用途电器的安全——微波炉的特殊要求》规定，微波炉产品的标识应清晰、规范，内容应包括商标、型号、规格、额定电压、额定输入功率、电源性质的符号、生产企业名称、额定输出功率等。说明书上应该有防止误用的警告语和详细的清洁方法等，产品上的操作开关标识也应清晰明了。

（3）检查外观。微波炉的外观应该平整光滑、色泽均匀、无明显色差。另外，微波炉都会产生微波，选购时应特别注意微波炉门的密封状况，门的连锁装置是否正常。

（4）加水试烧辨真伪。可以用玻璃杯加适量水通电试烧，微波炉通电后，杯内的水应变热，加热时间越短，水温越高，说明微波炉加热性能越好。同时，让微波炉工作一段时间后，触摸微波炉外壳是否发烫，如外壳烫手，则说明该微波炉散热条件不好。

（5）选择规模较大、产品质量和服务质量较好的知名企业的产品。由于规模较大的生产企业对原材料、零部件及产品的质量控制较严，生产设备先进，企业管理水平较高，一般其产品质量和售后服务也更有保证。

（6）选购合适规格的微波炉。选购微波炉时，应视各自家庭人数而定，一般 3~4 人的家庭适宜选购功率为 500~600 瓦的，5 人以上的家庭适宜选购 800~1 000 瓦的。

2. 在食品容器上加盖保鲜膜

微波炉使用时，其电耗不仅与功率大小有一定关系，还与加热食品的分量和干湿程度有关。加热食品时，可将食物放入大碗底，用保鲜膜平封碗口或用玻璃、瓷器盖住碗口，使水分不会蒸发，这样加热出来的食品不仅味道好，而且加热时间会较短。熟饭熟菜用专用塑料盘盛，摊薄挑松分散，比用碗盛省时省电。

3. 适当加水可提高加热速度

微波炉在加热过程中，只会对含水或脂肪的食物进行加热，加热较干食物时，可在食物表面均匀洒少量水，这样可提高加热速度，减少电

能消耗。

4. 烹调数量不宜多

用微波炉加热菜肴，每次数量不宜过多，否则不仅加热的时间比较长，而且会造成菜肴的表面变色或发焦。每次加热菜肴时，容器内菜肴的数量少一些，不仅可以保证菜肴加热的效果，还能节电。一般来说，烹调一个菜以不超过 0.5 千克为宜。

5. 减少启动次数

由于微波炉在启动时的功率一般可达 1 000 瓦，因此使用微波炉应掌握菜肴的烹调时间，以减少关机查看的次数，做到一次启动至烹调完毕。在使用较小的容器做饭菜或热剩饭时，可在转盘上同时放置 2～3 个容器，开机设置时间增加 1～2 分钟，就可以减少微波炉开关门的次数。

6. 微波炉内勿用金属器皿

在微波炉加热时，千万不要使用金属器皿盛装食品。因为微波是一种电磁波，其能量不但大于通常的无线电波，而且一碰到金属就会出现反射，金属无法吸收或传导它。微波能够穿透玻璃、陶瓷、塑料等绝缘材料，其能量不会被消耗。

7. 不可空转微波炉

使用微波炉时，不可使微波炉空载运行。因为空烧时，微波的能量无法被吸收。这样不但会无谓地消耗电能，而且很容易损坏磁控管。为防止一时疏忽而造成空载运行，可在炉腔内放置一个盛有水的微波炉专用玻璃杯。

8. 根据食物选火力

应根据烹调食物的类别和数量选择微波的火力，在同样长的时间内，使用中微波挡所耗电能只有强微波挡的一半。如肉片或蔬菜只需要保持脆嫩，宜选用强微波挡烹调，而炖肉、煮粥、煮汤，则可使用中微波挡进行烹调。

9. 余热烹调省电多

微波炉关闭后不宜立即取出食物，因为此时炉内尚有余热，食物还

可继续烹调，应等 1 分钟左右再取出为好。

10. 微波炉应远离磁场

使用微波炉时，应远离磁性材料，否则会干扰炉内磁场的均匀程度，使加热速度下降，加大电耗，而且影响其使用寿命。比如电视机可产生磁场，应至少远离微波炉 3 米，防止高频干扰。

11. 保持微波炉清洁

应保持微波炉内清洁，尤其是风口和微波口的清洁，这样可节省很大一部分电能。方法是将一个装有热水的容器放入微波炉内加热两三分钟，让微波炉内充满蒸汽，这样一来，就可使顽垢因饱含水分而变得松软，清洁起来也更加容易。清洁时先用中性清洁剂的稀释水擦一遍，再分别用干净的湿抹布和干抹布清洁。如果顽垢仍然难以除掉，可以利用塑料卡片之类的物品来将顽垢刮除，但是不能用金属片刮，以免伤及内部。清洁后，别忘了将微波炉门打开，让内部彻底风干。

图 2 – 14　微波炉节能

12. 超龄微波炉不可靠

一般微波炉的安全使用年限为 10 年。使用 10 年以上，微波炉就属于超期服役了。有些人认为只要微波炉还能运转，超期应该没什么问

题。其实超期微波炉安全性能没有保证，在使用过程中能耗高，加热均匀性不好，从安全的角度来考虑，超期服役家电应该及早淘汰。

（三）电磁灶节电窍门

（1）电磁灶最忌水汽和湿气，应该远离热气和蒸汽，灶内有冷却风扇，故应放置在空气流通处使用，出风口要离墙和其他物品10厘米以上，它的使用温度为10℃～40℃。

（2）电磁灶不能使用诸如玻璃、铝、铜质的容器加热食品，这些非铁磁性物质不会升温。容器水量勿超过七分满，避免加热后溢出造成电路基板短路。

（3）使用时灶面板上不要放置小刀、小叉、瓶盖之类的铁磁物件，也不要将手表、录音磁带等易受磁场影响的物品放在灶面板上或带在身上进行电磁灶的操作。

（4）不要让铁锅或其他锅具空烧、干烧，以免电磁灶面板因温度过高而裂开。

（5）在电磁灶2～3米的范围内，最好不要放置电视机、录像机、收录机等易受磁场干扰的家用电器，以免受到不良影响。

（6）电磁灶使用完毕，应把其功率调到最小位置，然后关闭电源，再取下铁锅，这时切忌用手直接触摸面板。

（7）应保持电磁炉电热盘清洁。清洁时，应待其完全冷却，可用少许中性洗涤剂，切忌使用强洗剂，也不要用金属刷刷面板，更不要用水直接冲洗。

（四）电热水器节电窍门

1. 如何选择电热水器

（1）选择具有3C认证标志的产品。好的电热水器应该具有防干烧、防漏水、防触电以及过热保护装置等多重安全保护功能。电热管是电热水器的核心部件，一定要选不锈钢制作的电热管，才能抗腐蚀，不漏电，可靠耐用。有的产品还在电源插头上安装了漏电保护器，一旦发生漏电，可瞬间切断电源。一般来说，凡是经过国家级检测机构检测合格，并有国家相关认证机构颁发3C认证标志的产品，用户可放心选

购。选择具有中国节能产品认证标志的产品，节电效果明显。

（2）按家庭人口选择电热水器的大小。储水式电热水器的大小应该根据安装位置和家庭人口多少来定。一般人均 20 ~ 25 升为宜，例如三口之家购置 60 ~ 80 升的电热水器即可。

（3）注意电路的承载能力。在选购电热水器时，还要考虑住宅用电线路及电表等所能承受的负载，一般加热功率应在 2 000 瓦以下。由于电热水器耗电量较大，电费开支对用户来说是一个不得不考虑的问题。所以，消费者在选择时应考虑买保温层厚、保温材料密度大的产品。

2. 关注电热水器耗电量

随着我国国力不断增强，越来越多的家电进入千家万户。家里电器众多，哪个能耗最多？人们通常认为是空调和冰箱，但如果经常使用电热水器洗澡，家庭成员又较多，那么电热水器的能耗也不少，它的能耗很可能会超过冰箱，甚至比空调还多。目前市面上大部分电热水器的功率都在 1 200 ~ 1 500 瓦之间，即该机器每小时消耗 1.2 ~ 1.5 度电。

3. 设定合适的热水温度

很多朋友习惯把温度设定到最高，再用两三个小时集中加热，最后关掉电源，认为这样会省电。其实这种方法并不合适，因为电热水器里的水被加热到最高温度后，使用时必然还要混入冷水，然后剩下的热水又被自然冷却。这样一来，不但浪费了集中加热时的电量，而且下次使用时还需要重新加热。利用电热水器的温度设定功能，可以把加热温度设定在 40℃ 左右的适宜洗澡温度，使用时不必加入冷水，而是充分利用该温度的热水，这样不但可以缩短加热时间，还能避免反复冷却、反复加热情况的发生，以达到省电的目的。温度设置过高，还容易结垢，预热时间也会增长，因此更费电。

4. 掌握好加热时间

不需要等电热水器里没有热水了再加热，而是估计热水快用完了就启动电热水器。这个方法比加热一箱凉水到相同温度所用的电要少得多，而且加热速度也快得多。

5. 常通电方便又省电

如果家里每天都常需要使用电热水器里的热水，并且电热水器保温

效果比较好，那么应该让电热水器始终保持通电，并将其设置在保温状态。因为保温一天所用的电，比把一箱凉水加热到相同温度所用的电要少。这样不仅用热水很方便，还能省电。

6. 不用水时要关闭喷头

洗澡时应注意在不需淋浴时将喷头关闭。等到用的时候再开，这样既节水又节电。

7. 定期清除水垢

电热水器使用一段时间后，里面常常会结垢，这些水垢会影响到电热水器的加热效率，延长烧水的时间，电耗自然也会随之增加。一般在电热水器使用 3～4 年的时候，可请专业人员上门清洗一次。

8. 巧用电热水器

储水式电热水器在储存热水过程中存在热损失，而且水温越高热损越大，因此要选用保温效果良好的产品，不要一下子把水烧到过热，温度适宜就好，这样可以减少热损失，节约用电。

9. 缩短热水器管道

安装热水器时应尽量靠近热水使用处，避免因供水管道过长而带来的热损失。

10. 不同季节巧用电热水器

使用电热水器时，应根据不同季节灵活设定温度，以达到节能的目的。夏季自来水温度及环境温度较高，可将水温设定在35℃～45℃范围内；冬季自来水温度及环境温度较低，可将水温设定在50℃～60℃范围内，这样既能满足洗浴要求又节约用电。温度过高不但耗电，还有烫伤的危险。

11. 长期不用时关闭电热水器

三五天或更长时间不使用电热水器时，应该拔掉电源插头，这样可以节省因持续保温所消耗的电量。

12. 定期清洁燃气热水器

燃气热水器使用一段时间后，换热器翅片上会堆积一些灰尘，降低换热效率，同时灰尘还可能堵塞燃烧烟气通道，从而带来危险。因此，

应定期清洁换热器翅片，保证安全节能。

图 2 - 15　电热水器节电

（五）其他厨房电器节电窍门

1. 清理饮水机内部水垢

饮水机内部水垢需要及时清理，以免水垢影响电热盘的传热效率，增加耗电量。

2. 无人时切断饮水机电源

晚上睡觉前，白天家中无人时，或者下班之后办公室无人时，应切断饮水机电源，以免浪费电能。

3. 合理选购抽油烟机

超薄型抽油烟机效果一般，且不易清洗。建议选择功率适当、吸力强、噪音低、清洗简单的机型。

4. 不将抽油烟机当成换气扇

不要将抽油烟机当成换气设备，在有油烟时才开启抽油烟机。

5. 取消夜间电水壶保温

晚上睡觉前关闭电水壶保温电源，可有效减少电能浪费。

6. 电水壶及时除垢

电水壶电热管的水垢要及时清除，这样不但能提高加热效率，延长

使用寿命，而且还能节约电能。

7. 合理放置消毒碗柜

消毒碗柜应放置在干燥通风处，否则散热不佳，将增大电耗。消毒结束后，等 10 分钟再取用碗筷效果更佳。

七、 家用电脑节电窍门

（一） 电脑的能耗

除了空调、电热水器外，现在日常生活中最耗电的应该就是电脑了。即便是在关机状态下，只要没有把电源插座拔掉，电脑也依然在耗电。通常情况下，台式电脑的功率是 200~400 瓦，笔记本电脑的则是 40~100 瓦。一台电脑每个月的耗电量可计算如下：假如电脑功率为 300 瓦，300 瓦 × 10 小时 × 30 天 = 90 千瓦时，即每个月耗电 90 度。当然，这只是保守估计，电脑在睡眠状态下也会消耗电能。

（二） 尽量少启动硬盘

对于笔记本电脑来说，硬盘是其中比较耗电的部件。只要处于读写状态就会耗电，程序对硬盘的访问次数越多，硬盘就越耗电，所以尽量少启动硬盘。我们还可以设置硬盘的停止工作时间，以便让硬盘在适当的时间进入停转状态，但是这个时间要根据笔记本电脑硬盘的使用情况来合理设置。如果把关闭硬盘的时间设置得太短，硬盘可能会频繁启动和停转，这样反而会影响硬盘的使用寿命。另外，应养成定期整理硬盘数据的习惯，这样可以减少硬盘搜索数据的时间，也能节电。

（三） 减少光驱的使用

光驱也是笔记本电脑中的耗电大户，全速度工作下的光驱要比硬盘更加耗电，而且还会产生较大的热量。一台连续使用 3 小时的笔记本电脑，如果用电池播放 VCD、DVD，原有的电池可能只能用 1.5 小时。有人喜欢用笔记本电脑播放音乐，电池的电量就随着音乐的播放悄悄溜走了。当较长时间不使用光盘的时候，最好把光盘从光驱中取出来。对于经常使用的光盘，最好是用虚拟光驱软件把它备份到硬盘里，这样既省

电，还能保护光驱。

（四）尽量减少连接外部设备

任何 USB 和 PC 卡设备都会耗电，笔记本电脑的很多外部设备只要连接在笔记本电脑上，即使不工作也会耗电，所以当我们不需要使用这些外部设备时最好把它们取下来。另外，笔记本电脑的一些端口，比如打印机连接端、COM 口（串行通信端口）等，在不工作时也会耗电。如果不用这些端口，最好在 BIOS（基本输入输出系统）中将其禁用。

（五）无线接收装置不用时要关掉

笔记本电脑安装无线网卡就可以随时随地上网，因此很受大家欢迎。但你可能不知道，无线网卡也是一个严重耗电的装置。当你没有上网的需要时，应该将无线网卡关闭。如果用 Centrino（迅驰）技术的笔记本电脑，可以按下电脑上的手动硬件按钮关闭，在操作前可以参阅笔记本电脑制造商提供的说明，弄清楚手动硬件按钮的位置。

（六）选择合适的软件

选择在笔记本电脑上运行的软件时，我们不一定要使用一些功能齐全但是对系统要求很高的软件，可以选择一些具有相同功能但是对系统要求较低的软件。另外，在操作电脑的时候，减少运行程序的数量，需要什么程序就开什么程序，把其他不用的关掉。

（七）调低屏幕亮度

笔记本电脑的液晶屏幕也是耗电大户。如果想节电，一般选用低温多晶硅制成的液晶屏幕，不仅画面效果更精细，电耗也较低。除液晶面板耗电外，位于面板背后的液晶灯管耗电也较多，若想省电，只要在视力允许的范围内，把液晶屏幕的亮度调低即可，这样不仅能省电，还能保护视力。如果想调整屏幕的亮度，可以参考笔记本电脑制造商提供的说明。各种电脑的调整方式略有不同，但一般可通过使用组合键、功能键或软件工具降低屏幕亮度。

（八）显示器的最佳设置

（1）屏幕亮度一般设置在 60~80 之间，过亮易造成眼睛疲劳，也使荧光粉过早老化。

（2）对比度一般可设置在 80~100 之间。

（3）刷新率是指每秒重复绘制画面的次数，以赫兹为单位。普通彩电的刷新率只有 50 赫兹，目前电脑输出到显示器最低的刷新率是 60 赫兹，建议大家使用 85 赫兹或 75 赫兹的刷新率。不要把刷新率设置在显示器的最高极限，应比最高刷新率低一挡。因为当显示器在极限状态时工作，容易造成电路元件老化或损坏。

图 2-16　电脑节电

（九）电脑要经常保养

电脑应注意防潮、防尘，积尘过多将影响散热，显示器屏幕积尘会影响亮度。保持环境清洁，定期清除机内灰尘，擦拭屏幕，既可节电又能延长使用寿命。

八、手机节电窍门

（一）冬季携带手机使用振动功能

冬春气温低，人们往往穿得很厚实，如果在户外活动时携带手机，有电话打进来，铃声往往不容易听见，这样手机振铃响的时间过长，并且手机接通率也低，造成手机电量消耗。

（二）安静场所适宜短铃提醒功能

一般手机都具有长短两种电话铃声的功能设置，在安静场所或干扰很少的环境中使用手机时，设置较短的电话铃声，在电话打进来时，既可省电，又可以减少铃声对环境的干扰。

（三）最好不用液晶显示屏和按键的照明

使用手机的时候，要尽量关闭液晶显示屏和按键的照明功能，以便省电。在夜长昼短的季节，应尽量在明亮或有光线的地方使用手机，一般可选择关闭显示屏或手机按键的照明功能，以减少电耗。

（四）在通信网络无法覆盖的地区关机

在通信信号较弱的地方，如室内，特别是在由混凝土浇筑的建筑物内，如商业大厦、电影院等，手机拼命要"抓"住网络信号，电池的电"流"得特别快，很快就会耗尽电池电量。

（五）移动途中尽量不使用手机

手机正在从一个网络节点移向另一个节点，在手机不断搜索、连接到新地区的通信网络时，电池的电也在悄悄消耗着。

图 2-17　手机节电

（六）注意保护手机电池

一般来说，手机电池适应的温度为 10℃～40℃，最好在这个温度范围内使用手机。在过冷或过热的环境中使用，不利于手机电池发挥更大效能，更不会达到最长的通话或待机时间。

（七）新电池充电

新买的锂电池手机，其说明书上介绍的充电方法，通常就是适合该手机的标准充电方法。按照标准的时间和程序充电，尤其是前三次更要如此进行。当出现手机电量过低提示时，应该及时充电。

（八）慢充方式充电

尽量以慢充方式充电，减少快充方式。充电前，锂电池不需要专门放电，放电不当反而会损坏电池。镍镉电池充电前必须保证电池完全没电，充电时必须保证电池充足电。

（九）关闭手机再充电

在充电的过程中，如果有电话打进时，可能会产生瞬间回流电流，对手机内部的零件造成损坏，因此开机充电会减少手机寿命。

（十）充电勿超时

手机电池充电不是时间越长越好，因为电池过度充电会消耗能量并发热，影响性能，缩短使用寿命。

（十一）减少充电次数

电池的充放电次数是一定的，为延长手机的使用寿命，应尽量避免电池有余电时充电。每次充电时，还要确保电池电量充满后再使用，这样能缩短手机的待机时间。

（十二）存放避免高温、严寒

避免将电池暴露在高温或严寒下，或放在空调冷气直吹的地方，更不能让手机承受烈日的曝晒，否则，会加速电池内部材料和电解液的老化，影响电池的使用寿命和效果。

（十三）手机电池闲置时的保养

长时间闲置的手机电池会自放电。手机长期不用时，应使电池和手机分离，减轻电池电能消耗。同时将电池放置在干燥、阴凉的地方

保存。

（十四）使用专用充电器和插座

锂离子电池必须选用专用充电器，尽量使用原厂或较好品牌的充电器，否则可能达不到饱和状态，影响其性能的发挥。在给电池充电时，尽量使用专用插座，不要将充电器与电视机等家电插座共用，这样会造成电压波动，影响充电效率和电池的使用寿命。

（十五）调节手机背景灯

缩短节电保护等待时间和背景灯时间。白天可以关闭手机的背景灯。彩屏机的 LCD 也是耗电大户，虽然它们看起来很漂亮，但那些动画式的待机图片、3D 菜单界面，都会让电池的电量更快用完。在可以接受的前提下，尽可能降低屏幕的亮度，并且不要经常开启它的背光灯，以充分节约电能，延长电池的使用寿命。

（十六）调节手机铃声

在室内可以调低铃声音量，关闭振动提示功能，以最大限度节能。

（十七）减少不重要功能的使用

手机中的每一项功能都需要耗电。为节省有限的电池电量，少用附加功能，如用手机玩游戏、上网、听歌及看小说等。另外，尽量节省通话时间，也可以延长充电周期。

（十八）定时开关机

每天晚上定时关机，早上定时开机，不仅节电，还可以使电池有休整的时间，延长使用寿命。

（十九）恶劣天气少用手机

在雷雨、台风等恶劣天气下，手机会通过加大功率的方法来保证信号的正确传送，而其直接后果就是导致手机耗电量增加，缩短待机时间。

（二十）密闭环境避免使用手机

在地下室、公交车或密闭性比较好的室内环境中进行通信时，手机需要提高功率来确保信号能正常穿透天花板、墙壁或其他遮挡物，而提高功率是以多耗电为代价的，这样也会多耗手机电池的电量。

（二十一）乘车时少用手机

乘车时，由于移动的速度较快，手机从一个网络节点移向另一个节点，会不断搜索、重新连接到新地区的通信网络，需要消耗更多电能。如果这时使用手机，就会加重手机电池的负担，不仅能耗大，而且会影响电池的使用寿命。

九、 其他小家电节电窍门

（一）电风扇节电

1. 选购优质电风扇

电风扇在运转时摩擦阻力越小，越省电。因此应尽量选择那些采用全封闭电机和航空润滑油的电风扇。在选购时，知名品牌电风扇的质量比较有保障。

2. 多用电风扇，少用空调

电风扇能直接将电能转化为动能，耗电量低，最高功率仅 60 瓦，相当于一盏普通照明台灯。因此，盛夏季节使用电风扇是节能的最佳选择。将空调搭配电风扇同时使用，并且设定空调温度为 27℃ ～ 28℃，配以电风扇辅助，舒适又省电。

图 2 - 18　普及节能知识

3. 电风扇高速挡换成中、低速挡

电风扇的耗电量与扇叶的转速成正比。在风量满足使用要求的情况下，尽量使用中速挡或低速挡。在使用时，先开高速挡，在达到降温目的后，采用中、低速挡以减少电风扇耗电。

（二）电熨斗节电

1. 正确选择电熨斗

一般家用电熨斗功率 500～700 瓦便足够使用，选择购买达到温度时能自动断电的调温电熨斗，不仅节能，还能保证熨烫衣服的质量。

2. 熨烫衣物分时段

在电熨斗刚刚通电的时段熨烫尼龙、涤纶等不耐高温的化纤衣物，待温度升高后，再熨烫丝绸、棉麻、羊毛等天然纤维织物，最后熨烫所需温度较高的衣服和厚实的织物。断电后，再利用余热烫耐高温的衣物，这样可节电 20% 左右。

图 2-19　电熨斗节电

（三）吹风机节电

1. 擦干头发再使用吹风机

洗发后，如果头发上还有很多水，先用毛巾将头发擦干些，再使用

吹风机，可以节省吹发时间和降低热风的强度，从而达到降低能耗的目的。

2. 保持吹风机清洁

使用时，为避免阻碍冷热风的流通导致风压的增加，降低风机的效率和使用寿命，应避免让异物掉入吹风机内，或堵塞吹风机的进出风口。此外，应定期清理吹风机的进出风口。

（四）吸尘器节电

1. 及时清理吸尘器过滤袋

吸尘器在使用后，过滤袋中的灰尘若不及时清除，会减弱吸尘器的吸力，降低吸尘效果，增加耗电量。

2. 选对吸尘器的吸嘴

为达到最佳的清洁效果，缩短吸物时间，应依据不同情况选择不同类型吸嘴。如清洁沙发应选用家具垫吸嘴，清洁书柜或天花板应选用圆吸嘴，清洁地毯或地板应选用地毯、地板两用吸嘴，而清洁墙角或墙边时应选用缝隙吸嘴。

3. 吸尘器工作时间不宜过长

为避免损坏电机，不要长时间连续使用吸尘器，一般不超过两小时，这样可以维持最佳吸力，提高工作效率。

十、 住宅节电窍门

（一）巧用窗帘保温隔热

晚上开空调、暖气时，关闭窗户，将厚窗帘拉上，保温隔热效果更好。在炎热的夏季，早上出门前将窗户关上，将厚窗帘拉上，尽量减少室外热量进入室内；晚上回到家中，室外温度降低，再打开窗户，拉开窗帘，保持通风。

（二）安装遮阳设施

在窗户外安装遮阳设施，可以使住宅的隔热性能大大提高，夏季需要空调降温的时间相应减少。

（三）窗户节能技巧

窗户散热主要有两个途径，一是窗户包括窗框和玻璃的传热耗热，二是窗户缝隙的冷风渗透。为减少采暖建筑的热能耗散，一是通过窗户加层，改用导热系数较小的框料以及阻断热桥等措施，减小窗户的传热系数，增强保温性能；二是通过改善窗户制作安装精度，加装密封条等办法，减少空气渗漏，减少冷风渗透耗热。

（四）双层玻璃窗可保温

双层玻璃窗保温效果远高于单层玻璃窗，因为两层玻璃之间形成一个密闭的空气间层，该空气间层具有较大的热阻，从而使双层玻璃窗户具有更好的保温性能。

（五）用镀膜玻璃可节能

镀膜玻璃表面涂镀一层或多层金属、合金或金属化合物薄膜。这层镀膜改变了玻璃的光学性能，进而改善了玻璃的传热特性，能够大幅度降低建筑能耗。

（六）地板铺设可保温

在安装铺设木地板时，将矿棉板、阻燃型泡沫等保温材料放置在地板下面，可以增加房屋的保温效果。

（七）保温瓷砖可隔热

在外墙砖的表面复合上一层含金属铝或其他反射率高的材料，生产出保温隔热瓷砖，可减少外墙面对太阳光能量的吸收。

（八）阳台可隔热

在客厅与阳台之间安装阳台门，可以起到很好的隔热保温作用。如果阳台比较宽，而且装的不是落地窗，那么可以在阳台依墙面做一排低柜，这样可以隔绝冷空气，从而达到保温的效果。

（九）可合理利用自然光

在房屋装修过程中，应充分利用自然，增加自然光照明，以相应减少室内照明用电。

（十）屋顶绿化降温效果好

绿化屋顶可以降低室内温度，实验证明，绿化的屋顶可以使室内温

度下降4℃~6℃。因此，有条件的别墅住户或住宅顶层用户可以通过屋顶绿化的方式降低室内温度。

（十一）保护好房屋保温层

在家庭装修过程中，不要破坏墙面的内保温层，这是因为原有的保温层一旦破坏就很难恢复，进而影响房屋的保温性能。

图2-20　住宅节电

第三章　生活中如何节水

一、 科学选择节水器具

（一）优先选购节水型产品

家庭节水除了注意养成良好的用水习惯以外，采用节水器具也很重要。这些器具不但能节约用水，使用寿命也比普通的器具长。那么什么样的产品属于节水型产品呢？

1. 节水型生活用水器具

节水型器具是能满足相同的饮用、厨用、洁厕、洗浴、洗衣等用水功能，较同类常规产品能减少用水量的器件、用具。

2. 节水型水龙头

节水型水龙头具有手动或自动启闭和控制出水口水流量的功能，能实现节水效果。有些城市曾免费向市民发放节水型水龙头，以推动节水行动。选择节水型水龙头的关键在于开关的速度。灵敏的控制开关可缩短水流时间，节省水流量。变距式、自闭式等多种新式水龙头封闭严密，感应灵敏，关闭速度只有老式水龙头的1/10，节水效果显著。

3. 节水型便器系统

节水型便器系统是由便器和与其配套使用的水箱及配件、管材、管件、接口和安装施工技术组成，每次冲洗周期的用水量不大于6升，即能将污物冲离便器存水弯，排入重力排放系统的产品体系。

4. 节水型便器冲洗阀

节水型便器冲洗阀是指具有延时冲洗、自动关闭和流量控制功能的便器冲洗阀。

5. 节水型淋浴器

节水型淋浴器是指采用接触或非接触控制方式启闭，并有水温调节和流量限制功能的淋浴器。

6. 节水型洗衣机

节水型洗衣机是指以水为介质，能根据衣物量、脏净程度自动或手动调整用水量，满足洗净功能且耗水量低的洗衣机。

（二）国家节水标志

"国家节水标志"是我国宣传节水和对节水型产品进行标识的专用标志，由水滴、人手和地球组合设计而成。绿色的圆形代表地球，象征节约用水是保护地球生态的重要措施（环节）。标志留白部分像一只手托起一滴水；手是拼音字母 JS 的变形，寓意节水，表示节水需要公众参与，鼓励人们从我做起，人人动手节约每一滴水；手又像一条蜿蜒的河流，象征滴水汇流成河。

图 3-1　国家节水标志

二、中水回用

（一）什么是中水

中水是指城市污水经处理设施深度净化后达到国家规定《生活杂用水水质标准》指标，能在一定范围内重复使用的再生水。因为人们通常把自来水叫作上水，把污水叫作下水，而中水水质介于两者之间，所以叫中水。

中水可作为工业冷却、农业灌溉和绿地浇灌、公用设施和住宅冲厕、河湖景观、道路降尘、洗车用水等非人体接触的用水。中水回用一方面可以大量减少自来水的消耗，另一方面也在一定程度上减少了污水

总量，缓解了其对水资源的污染，是国际公认的"城市第二水源"。

（二）中水在家庭中的回用

中水回用技术在美国、日本、以色列等国早已应用于厕所冲洗、园林和农田灌溉、道路保洁、车辆清洗、城市喷泉、冷却设备补充用水等方面，积累了不少成功经验。我国在 20 世纪 90 年代末开始使用，目前已经形成一定的规模，但与发达国家有不小的差距，主要还只用于居民冲厕、灌溉、景观用水及洗车等。北京、天津、青岛等缺水严重地区走在中水市场的最前面，这些城市都把中水回用列入城市的总体规划中。

据有关研究资料表明，在城市建筑小区采用中水系统后，居住区用水量将节省 30% ~ 40%，同时排放量减少 35% ~ 50%；对于商住小区，设置中水系统可节水 50% 左右，科研事业单位可节水 40% 左右，一般居民住宅可节水 30% 左右。这对社会和环境效益的深远影响是无法估量的。

图 3 - 2　中水回用

假如一个中型的物业小区，每天非饮用水的排放量约 3 500 立方米，通过小区污水处理，实现中水回用，那么物业每天就可从中水回用过程中节省 3 000 ~ 3 500 吨水。如果该管道与其他管道一起铺设的话，也大大降低了成本，在很短的时间内就可收回成本。

三、 家庭节水窍门

（一）洗澡节水窍门

1. 水龙头可安装流量控制阀

对于橱柜或浴室内不能控制水量的扳把式水龙头，可以安装流量控制阀，以根据需要调节出水量，达到节约用水的目的。

2. 选用新型喷头

传统喷头喷出的水流是线形的，而新型淋浴喷头喷出的水流是颗粒状的，原理就是利用专业技术把水粉碎成千百万个细小的颗粒并与空气混合，这种喷头可节水40%~50%，水流强度比普通喷头大30%左右。

3. 提倡淋浴，尽量避免盆浴

淋浴一次平均消耗40升水，而盆浴则用水高达140升。淋浴与盆浴相比，不仅省水、省电，而且更卫生。如果盆浴的话，水不要放满，1/4~1/3盆水就足够用了。此外，不要将水自始至终开着，尽可能先从头到脚淋湿即关喷头，然后用浴液或肥皂擦洗，最后一次冲洗干净。洗澡时不要顺便洗衣服。

4. 洗浴水可重复使用

淋浴时可以站立在一个水盆中，或在下面放置一个水桶或水盆，以收集使用过的水来洗衣、冲洗马桶或擦地板等。

5. 洗手洗脸莫忘节水

洗手洗脸时建议控制水龙头开关，开至中小水量，用洗面奶、洗手液或香皂揉搓时应及时关水。可以用一个脸盆或其他容器放在水龙头下面，收集洗脸水来冲洗马桶等，同时提倡使用面盆盛水洗脸、洗手。

图3-3 提倡淋浴，减少盆浴

6. 洗澡时勤关水

在搓澡或用洗发水、沐浴液时应将喷头关闭，尽量缩短冲淋时间。

7. 洗漱时不要长流水

刷牙期间应及时将水龙头关闭，避免洗漱过程中龙头水长流造成水资源的浪费。

8. 浴前冷水勿浪费

可在浴室预备水桶、水盆，把热水流出前的冷水收集起来，用于洗衣、拖地或者冲马桶等。

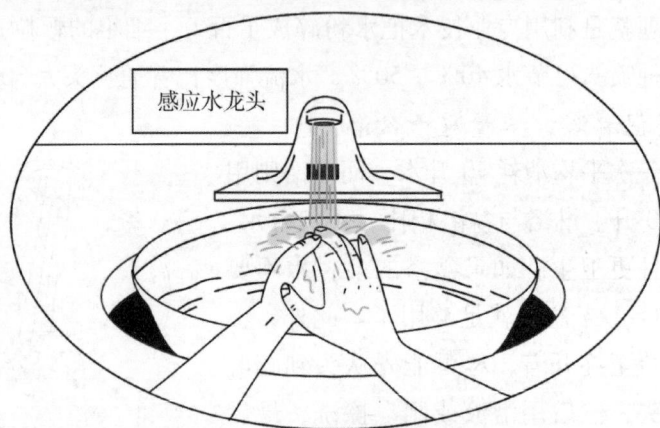

图3-4　洗手洗脸注意节水

9. 洗浴排排队

家中有多人需要洗浴时，尽量避免一个人洗完后，另一个人间隔很久才入浴，应该一个接一个地洗澡，这样可以尽可能减少热水流出前的冷水流失。

（二）洗衣节水窍门

1. 洗衣步骤要合理

机洗前，将衣物放入洗涤剂溶液中浸泡一段时间，手洗除去袖口、领口比较严重的污渍，这样可有效缩短洗涤时间，提高洗涤效果，省水、省电。

2. 集中洗衣更划算

洗衣物时，最好将全家人换下来的衣服集中洗涤，避免小批量地频繁洗涤。同时用一桶含洗涤剂的水连续漂洗几批衣物，这样更省电、省水。

3. 洗衣水量可选择

选择有自动调节水量功能的洗衣机，根据衣物的多少自动调节水量，根据衣料种类选择不同的洗涤模式，调整适当的洗涤时间，可省水、省电、省时。

4. 两分钟脱水即完成

机洗衣物时，脱水时间只需两分钟左右就可以了，延长脱水时间所提高的脱水率很少，浪费电能，且对衣物磨损较大。

5. 漂洗用水再利用

无论是机洗还是手洗衣物，漂洗衣物的水都可以收集起来用于下次洗衣服、擦地板或冲马桶等。

图 3 -5　洗衣节水

6. 洗衣颜色分深浅

洗衣物时，衣服要按颜色深浅分开，可以用一桶水先洗涤颜色浅的衣物，再洗涤颜色深的衣物，这样不仅洗得干净，而且省水、省时。

7. 洗衣数量要适中

机洗衣物时，桶内衣物过少会减少衣服之间的摩擦，不易清洗干净。如果洗得太多，则会增加电机负荷，而且洗不干净。以上两种情况均会造成电能的浪费。

8. 洗衣用水有讲究

机洗衣物时，水位过高会增加波盘的水压，加重电机的负担，增加电耗。如果水量太少，又会影响洗涤时衣服的上下翻动，不易清洗干净，耗时耗电。因此要根据衣物的多少，适当选择洗涤和漂洗衣物的水位。

9. 选用无磷洗涤剂

洗涤衣物尽量选择无磷洗衣粉或洗涤剂，减少含磷清洁剂的使用。控制适量的洗涤用品（洗衣粉或洗衣液），减少化学物质对衣物的损害，同时减少对水的污染。

10. 小件衣物可手洗

尽量减少洗衣机的使用次数，小件衣物或者衣物很少时可以手洗。

图 3 - 6　手洗小件衣物

11. 不用流水洗衣物

不要利用洗澡的机会用流动的水洗毛巾、衣物、鞋子等东西，因为用流水洗会比平时用盆洗浪费 3～4 倍的水。

（三）厨房节水窍门

1. 安装双台盆

在厨房里安装双台盆，可以浸、洗分开，更加合理地用水。

2. 安装洗涤两用接水喷头

洗涤两用接水喷头可直接安装在家庭厨房水龙头上，需要时拨动小手柄，水流既改变为喷洒状态，使洗涤面积扩大4倍，还可以防溅和加快洗涤速度。反向拨动手柄，水流又能集中，这样就可减少1/4的用水量。

3. 巧用淘米水

淘米水可用来洗菜、浇花或洗碗，如此不仅节约水，而且不污染水质。淘米水用来洗碗，去污能力强；用来浇花还可给花木提供营养。淘米水泡干菜如海带、甘笋、墨鱼等，不但容易泡涨、洗净，而且可以使食品很快煮熟、煮透，节水又节能。

4. 洗菜顺序有讲究

清洗蔬菜时，不要在水龙头下直接清洗，应尽量放入到盛水容器中，并按肮脏程度调整清洗顺序，如可先对有根、有皮的蔬菜进行去皮、去泥。先清洗叶类、果类蔬菜，然后清洗茎类蔬菜，最后清洗有根、有皮的蔬菜。用盆接水洗菜代替直接冲洗，每户家庭每年可以节约用水 1.6 吨。

图 3-7　洗菜节水

5. 盐水浸泡可消毒

用洗涤灵清洗瓜果蔬菜，需要用清水冲洗几次，才敢放心食用。如果改用盐水浸泡消毒，只冲洗一遍就够了。

6. 采用间断冲洗

控制水龙头流量，改洗菜时不间断冲洗的方式为间断冲洗方式。有条件的家庭可以用感应水龙头替换普通水龙头。使用感应水龙头比普通水龙头节水 30% 左右。

7. 清洗餐具有讲究

清洗餐具时，可先用纸擦去油垢，再用热水洗，最后用温水或冷水冲洗干净。用盆洗餐具，第一遍在水中加入少量洗洁精进行清洗，第二遍用清水清洗。不要直接在水龙头下清洗。如果使用的是两个水盆槽的新型厨房洁具，可以将一个水盆放入加了少量洗洁精的水，用于清洗，同时另一个水盆放入清水，用于冲洗。

图 3-8　洗碗节水

8. 陈旧玉米面可洗碗

用陈旧玉米面洗碗，不伤手，而且容易去油，既可以减少洗涤剂用量，又可以节约用水。

（四）厕所节水窍门

1. 老式马桶节水法

如果家中用的是非节水型的老式马桶，或觉得厕所的水箱过大，可以在水箱里放一块砖头或一个盛满水的可乐瓶，可以有效减少每一次的冲水量。但要注意放置时不能妨碍水箱部件的运动，并定期检测，以免影响马桶的正常使用。

2. 保证水箱不漏水

若进水阀失灵、灌水不止，水满后就会从溢流孔流走。若出水阀失灵，坐便器就会长流水，进水管会不停地进水，这都会造成水资源的浪费。发现水箱有漏水现象时，应及时更换胶垫等配件，特别注意不要将洗洁精等清洁剂放入水箱中，这样容易造成水箱中胶皮、胶垫的老化，导致泄漏，从而造成浪费。

3. 厕所里不能倾倒垃圾

不要往马桶内倾倒剩饭、剩菜或其他杂物，垃圾不论大小、粗细都不要通过厕所冲掉，这是因为一来冲洗这些杂物会浪费很多水，二来容易导致管道堵塞，给自己和别人带来麻烦。

4. 家庭废水可冲厕

使用收集的家庭废水（洗菜水、洗衣水、淘米水、刷锅水、洗脸水和洗脚水等）冲厕所、浇花，可以一水多用。

5. 可选用节水马桶

如果条件许可，选用新型的节水马桶，这种马桶多为两个按钮，一个使用半箱水（小便用），一个使用整箱水（大便用），节水效果明显。

6. 卫生间安装男用小便器

在卫生间面积允许的情况下安装男用小便器，比单一的蹲、坐便有更好的节水效果。

7. 海水也可冲厕

在一些沿海城市或岛屿，特别是在海边建设的住宅小区，如果条件允许，可以建设一套用海水冲洗厕所的独立供排水系统，从而达到节约大量淡水资源的目的。

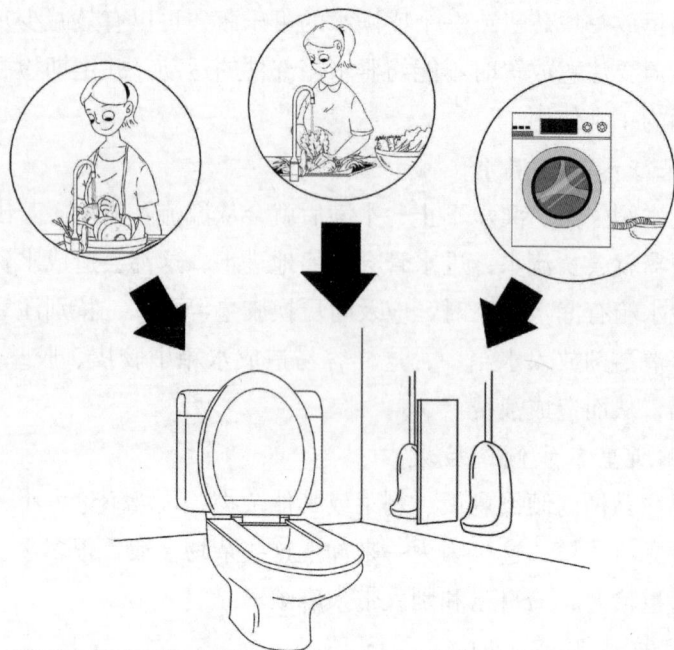

图 3-9　使用节水马桶

（五）其他节水窍门

1. 养鱼节水

根据各种鱼的大小、习性和对水的要求，分门别类进行分缸饲养。注意按鱼的需要增氧补水，既考虑鱼的需求，又可有效节水。

2. 用养鱼水浇花

鱼缸里换出来的水由于含有鱼的粪便，具有一定的肥力，用这些水浇花比其他浇花水更有营养，还能达到节水效果。

3. 家庭用水情况勤记录

可以把家中水表的读数定期记录下来，对每周、每月、每季度，甚至每年的用水量做个统计，水费便清晰明了。对用水情况做到心中有数，有助于提高家庭成员的节水意识，减少浪费。

4. 收集利用空调冷凝水

空调使用时会排出冷凝水，在常温制冷或除湿工作时，1 匹的空调每 2 小时大约可排出冷凝水 1 升。可在空调排水管下放一个盛水桶来收集冷凝水。空调冷凝水的 pH 值为中性，非常适合用来养花、养鱼。

5. 收集利用雨水

利用塑料桶、缸等大口径容器来收集雨水，用以浇花、拖地等，以减少自来水的使用。

（六）生活中的 18 种节水窍门

（1）老式房屋抽水马桶改成节水型马桶，将上导型直落式改为翻板式，水量控制在 9 升以下。

（2）绿化、洗车、洗地用水采用节水喷雾水枪冲洗。

（3）安装低流量莲蓬头水龙头曝气器，或加装缓流水龙头汽化器。

（4）将全转式水龙头换成 1/4 转水龙头，缩短水龙头开闭的时间，减少水的流失量。

（5）随手关紧水龙头，加装有弹簧的止水阀或可自动关闭水龙头的自动感应器。

（6）定期检查抽水马桶、水龙头或其他水管接头以及墙壁或地下管路有无漏水情况。

（7）勿开着水龙头直接用流动的水洗碗、洗菜、洗衣，应放在装有适量水的盆槽内洗涤，以减少水流失。

（8）食物解冻不要用水冲，改用微波炉解冻或及早将食物取出，自然解冻。

（9）植物浇水时间应选择早晚阳光微弱、蒸发量少的时候。

（10）庭院绿化应选择耐旱的植物，按植物需水量分区栽种，以便分区调整浇水量。

（11）花圃使用微灌方式最有效，方法是以滴灌、微喷灌向个别植物施水，或以低流量喷雾器对整个花圃施水。

（12）修剪草皮时应留下 10～15 毫米高的草株，以减少地面水分的蒸发。

（13）改良庭园土壤，添加湿润介质或保水聚合物，如蛭石、蛇木屑、稻谷、木屑、泥炭土等，以提高土壤的透水与蓄水能力。

（14）控制适量的洗涤物，避免洗衣机及洗碗机中洗涤物过多或过少。

（15）小件、少量衣物提倡手洗，可节约大量水。

（16）选择有自动调节水量的洗衣机，根据衣物种类、数量及脏污程度自动选择洗衣模式，以达到高效省水节电。

（17）利用屋顶或花园、开放式阳台安装雨水贮留设备，收集雨水作为浇花、洗车及冲马桶等的替代水源。

（18）正确的洗手步骤：开小水流沾湿手→关闭水龙头→涂抹肥皂→双手搓揉→开小水流冲洗→关闭水龙头。

第四章　生活中如何节气

一、 选择节气燃气灶具

（一）使用燃气灶具要正确

燃气灶具要能够调节进风口大小，让燃气充分燃烧。判断燃气充分燃烧的方法是火焰清晰，呈纯蓝色。灶具架子的高度应使火焰的外焰接触锅底，直径大的平底锅比尖底锅更省煤气，最好是一个炉子的几个炉眼同时使用。

（二）使用炉盘节能圈

提倡在炉盘上放置节能圈，既方便、便宜、耐用，又能达到节能效果。

使用节能炉具及炉盘节能圈

图 4-1 使用节能炉具

二、 节约用气窍门

（一）设置灶台应避免风口

煤气灶的设置应尽量避开风口，风口流动空气的干扰会导致用气量增大，而且油烟也易被风吹散，增加抽油烟机的工作量。

（二）多用中低火烹饪食物

使用中低火烹饪食物，而不是大火，可有效节省燃气。

（三）定期检修煤气炉

煤气炉使用时间长了，出火口容易被灰尘堵塞，不仅影响火力，还会造成漏气。所以，每隔一段时间，应清除出火口上面的灰尘。

（四）给液化气装上节能罩和高压阀

原来只能用40天左右的15千克液化气装上节能设备后，能用两个月以上，而且也会使瓶内的液化气得到充分利用。

（五）厨房要通风

厨房要保持良好的通风环境，否则，燃气燃烧时没有充足的氧气，会特别费气。

（六）阀门先拧紧

用完燃气后要拧紧气瓶或者管道阀门，再关上燃气炉，这样既避免了漏气的危险，还可以减少浪费。

（七）适量烧开水

很多家庭为了保证开水的使用，每天一次性烧很多开水，没有用完的开水第二天就被倒掉，造成水资源与能源的浪费。按照每天的饮用情况，适量烧开水，其节省的燃气就十分可观了。第二天没用完的开水也可以用来煮饭或者洗漱。

（八）烧水方法有讲究

冬天烧水盥洗时，不要将水烧开（100℃）后再加冷水，可直接将冷水烧至需要的温度（50℃左右）。烧水时温度越高，向外界传导的热量越大，消耗的燃气就越多。

用中低火将水烧至需要的温度即可

图4-2　科学烧水

（九）怎样节能煮蛋

煮鸡蛋时用密封性比较好的锅，水刚好漫过鸡蛋，水沸一分钟时关火，过几分钟，鸡蛋就被密闭锅中的余热煮熟了，能节约不少电能或燃气。

（十）怎样炖牛肉熟得快

炖牛肉时加一小撮茶叶，约为泡一壶茶的量即可，用纱布包好同煮。用这种方法炖牛肉熟得快、炖得烂，味道鲜美。

（十一）怎样省火煮烂火腿

煮烂全瘦肉的火腿很费火，可以在煮火腿之前在火腿皮上涂些白糖，只需平时一半的时间就能把火腿煮烂，而且味道更鲜美。

（十二）怎样炖老母鸡省火

在锅内加二三十克黄豆与老母鸡同炖，鸡肉熟得快且味道鲜；或者放三四枚山楂，鸡肉也易烂；或者在杀鸡前灌鸡一汤匙食醋，用文火炖就会煮得烂熟。

（十三）怎样炒肉省火

切肉的时候，横纹切片，顺纹切条，肉更易熟。将切好的肉放在漏勺里，在开水中晃动几下，肉刚变色时立即起水，再下锅炒，只需3～4分钟就能熟。

（十四）怎样快煮面条

煮面条时不要等到水沸时再下，当锅底有小气泡往上冒时就可以下，然后搅几下，盖上锅盖煮沸，适量加点冷水，再盖锅煮沸即熟。这样不但省火，而且煮出来的面条柔软而汤清。

（十五）不可烧空灶

做饭时应先把要做的食物准备好再点火，避免烧空灶。将做饭的步骤安排好可以大大节省燃气。

（十六）锅与炉眼要匹配

每次做饭菜时，选择锅的种类及大小要适当，即根据饭菜样式、数量来安排。选用的锅过大或者过小都会浪费能源。锅还应与炉眼的大小相匹配，小锅就应该用小的炉眼。在用天然气或液化石油气时，火焰不要开得太大，如果火焰超出锅外，则其作用是加热厨房，而不是对锅体加热，这样既费煤气又不安全。

（十七）做饭菜加锅盖

锅盖的作用是使热量保持在锅内。加锅盖做的饭菜可以热得更快，也更鲜美，还可减少水蒸气的散发，减少厨房和房间结露的可能性。锅里加水要适量，一般是水没过所煮的食物就可以了。如果加太多水，或者煮过了头，既会煮坏食物，又会浪费能源。

图4-3 锅与炉眼相匹配

(十八）几个灶眼同时用

用天然气或液化石油气做饭菜时，最好是一个炉子的几个灶眼同时使用。这样做饭，比只使用一个灶眼一样一样地去做饭菜节省燃料，也节省时间。如果有的灶眼煮的食物已经煮开，就可以把火苗调小，不要总用一样大的火苗。

第五章　生活中如何节材

一、 节约用纸

（一）教材可重复使用

使用教材时应珍惜爱护，避免在教材上做标记，以供下届学生使用，如此可大幅度降低校园教材耗纸耗能。据估计，若有 1/3 的教科书重复利用，全国每年可减少用纸 20 万吨，减少二氧化碳排放 61 万吨，合计节能约 25.7 万吨标准煤。

（二）设置废纸回收箱

校园用纸量很大，如果能设置回收箱对废纸加以回收利用，可节材节能。

（三）尽量使用小号字打印

根据不同需要，打印文件尽量使用小号字体，可省纸节能。

（四）复印打印用双面

复印、打印纸尽可能双面利用，单面使用后的复印纸，可再利用空白面影印或裁剪为便条纸或草稿纸。

（五）设立纸张分类箱

设立纸张分类箱，把可以再利用的纸张按大小不同分类放置，能用的一面朝同一方向，方便取用。注意不要混入复写纸、蜡纸及塑料等，还要注意不要混入订书钉等金属。

（六）再生纸可利用

公文用纸、名片、印刷物等尽可能使用再生纸，以减少环境污染。

（七）少用纸杯

本部门员工尽量使用自己的水杯，纸杯只给客人使用。开会时，请本单位的与会人员自带水杯。

图 5 - 1　节约用纸

二、杜绝过度包装

（一）少买独立包装的物品

购买商品，应遵循包装简单实用的原则，多买家庭装或补充装，少买独立包装的物品，这样就可以减少包装材料的使用，减少甚至杜绝废弃包装物垃圾，以避免无谓的浪费。

（二）拒绝过度包装

过度包装不仅会加重消费者的经济负担，还会增加垃圾量，污染环境，特别是华丽的包装多采用鲜艳和难降解的材料，对环境的危害较大。尽量减少这类商品的消费可以刺激商家少生产，从而节约能源。

（三）使用挤牙膏夹

挤牙膏夹也称挤牙膏器，适用于管装产品，如牙膏、洗面奶、鞋油等。管状包装的产品，由于管口设计一般较小，内壁和管口内的残余物质用到最后经常挤不出来，如果直接丢弃，不仅造成浪费，而且残留物会污染环境。挤牙膏器可以很方便地把这些残余物质挤出来，减少浪费，避免污染环境。

（四）剪开包装还能用

牙膏、洗面乳、护手霜等用塑料软管包装的日用品，在挤不出来的

时候，还可以用剪刀从中间剪开塑料包装，继续使用残留在里边的牙膏、洗面乳、护手霜等，直至用完为止。

（五）小块肥皂粘起来用

用剩的香皂、肥皂头单独使用会很不方便，这时可以用水稍微泡一下，粘在下一块香皂、肥皂上面，然后晾干一段时间，使两者紧密结合，这样就可以继续使用，循环往复，每一块肥皂都能得到充分利用。

（六）少使用清洁喷剂

环境专家认为，清洁喷剂含有磷、氮、活性阴离子等多种有毒有害的挥发性化学物质，大部分属易燃品，有的还含有破坏大气臭氧层的物质。大量使用清洁剂虽然换来家庭环境的暂时整洁，却对周围自然环境造成了污染，得不偿失。

（七）尽量不用一次性用品

尽可能不使用快餐盒、吸管、一次性筷子、勺子等塑料制品，以减少难降解的塑料制品造成的环境污染。出差在外住宿时，也应尽量自己携带生活用品，减少牙具、香皂、毛巾、拖鞋等一次性物品的使用。

（八）重复使用塑料袋

调查表明，如果购物袋被重复使用一定次数以上，其环境效益远大于任何一种一次性购物袋（包括塑料袋、纸袋和可降解塑料袋）。可选取干净结实的塑料袋随身携带，在购物时用自带的塑料袋，而减少使用商店提供的塑料袋。被弄脏的塑料袋可用于装垃圾或洗干净后再使用。

（九）巧用果冻包装袋

有拉链、容积比较大的果冻包装袋，可用作出差时的化妆袋，从而减少塑料袋的使用。

（十）使用环保布袋

买菜购物时随身携带布袋，尽量减少塑料袋的使用，节能的同时减少了有害气体的排放。

图 5 - 2　购物使用环保布袋

三、　节约粮食

(一)"吃不了兜着走"

　　大家外出就餐时，应根据人员实际情况点菜，做到适可而止，提倡"光盘行动"。用餐结束后，将吃不完的饭菜打包回家，避免食物浪费。例如，少浪费 0.5 千克粮食，可减排二氧化碳 0.5 千克；少浪费 0.5 千克猪肉，可减排二氧化碳 0.7 千克。

图 5 – 3 　 "吃不了兜着走"

（二） 购买食物讲节能

提倡购买应季蔬菜、水果，减少消费反季节蔬菜、水果，以减少生产反季节蔬菜、水果所耗费的能源。尽量选择产地较近的食品，促使商家增加从邻近地区进货，从而节省运输消耗的能源，减少污染物的排放。

（三） 用凉开水代替矿泉水

出差、出行或运动时提倡用便携水壶或水瓶自带凉开水，尽量减少购买矿泉水或纯净水。矿泉水或纯净水从取水、加工、运输、销售到空瓶回收，再算上塑料瓶、易拉罐、纸箱及塑胶袋等包装，其消耗的资源远远高于自来水，所以提倡自备并饮用凉开水。

图 5 – 4 　 用凉开水代替矿泉水

四、 废旧家用电器回收再利用

(一) 干电池排序用

不同的电器对电池的电量和电压要求不同，当手电筒灯光变暗时，可以将手电筒的电池装在收音机里继续使用一段时间。收音机声音变小了，可以把收音机里的电池装在闹钟里继续使用，以充分释放干电池中的电能，避免浪费，同时能够降低废干电池中强酸强碱的含量，便于后续处理。

(二) 干电池放冰箱保存

不用的干电池由于内部化学物质的自身反应会缓缓放电，如果把干电池放在塑料袋中，并放入电冰箱里保存，则可延长其使用寿命。

图 5 – 5　干电池放冰箱保存

(三) 干电池交替间歇使用

干电池短期停用后，电压和电流强度会得到一定的恢复，因此你可以买两套电池，标上记号，第一套使用，第二套备用。当第一套电池耗电1/3后，更换第二套电池，当第二套电池使用1/3后再换回第一套电池。

（四）新、旧电池分开使用

如果把新、旧电池混在一起用，由于电池电压和内阻的差异，旧电池内的电阻较大且端电压低，实际上旧电池就成了电路中的一个电器，会把新电池中的电白白消耗掉，而且一直消耗到新、旧电池的电压相等时才停止。因此，新、旧电池不能混在一起使用，否则会造成很大的电能浪费。

（五）手电筒电池不用时应反装

手电筒不用时，可将后一节电池反转过来放入手电筒内，因为两个电池的电压和内阻相等，反接后可以使整个回路的电压和电流都趋近于零，可以减慢电池自然放电，延长电池的使用时间，并避免电池遗忘使手电筒内腔被锈蚀。

（六）优先选用充电电池

一般的充电电池虽然价格要比干电池贵一些，但是由于技术的不断进步，大部分都可以通过充电重复使用成百上千次。所以，长期大量使用电池时，尽量使用充电电池代替一次性电池，这样不但可以减少一次性电池对环境的污染，还可节约成本，避免浪费。

（七）废电池集中回收

据测定，一颗纽扣电池产生的有害物质，能污染60万升水。相当于一个人一生的用水量，并可造成永久性公害。因此，对废旧电池集中收集，进行回收利用，将有效减少污染物质的排放。

图 5-6　科学使用电池

五、　垃圾科学分类及回收再利用

（一）废旧塑料瓶巧制漏斗

饮料瓶选用的塑料一般都是健康卫生、环保无毒的，也比较结实耐

用。将废饮料瓶在距离瓶口7~8厘米处剪下，去掉瓶盖，倒过来就是一个简易的漏斗，可以长期使用。

（二）废旧塑料瓶巧制插花瓶

如图5-7所示，如果将废旧的塑料瓶剪去上面一部分，稍作修饰，便可当作插花瓶使用。

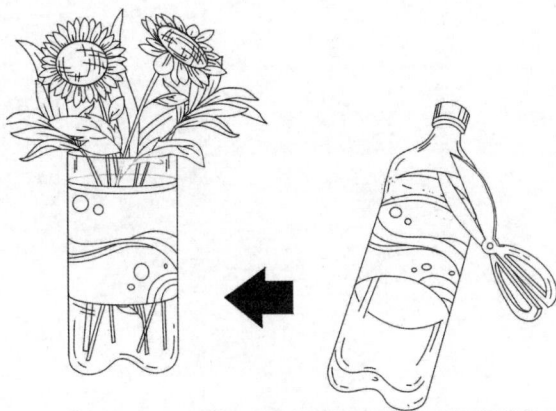

图5-7　废旧塑料瓶可作插花瓶使用

（三）用废旧塑料瓶可用作喷壶

在废旧塑料瓶的盖子上钻几个小孔，注满水后倒过来，便成了浇花喷壶。

（四）用废旧纸张制作残渣盘

用废旧报刊等纸张叠成小盒子可当作一次性残渣盘，或者折成相应形状垫在垃圾桶中放置潮湿的厨房垃圾。

（五）燃放环保安全型烟花爆竹

减少燃放烟花爆竹或燃放环保安全型烟花爆竹，不仅可减少二氧化硫和氮氧化物的排放，而且可以减少烟花爆竹生产和运输的过程中产生的环境污染和安全威胁。

第六章　低碳生活面面观

一、 36 项日常生活行为的节能减排潜力量化指标

（一）衣

1. 可少买不必要的衣服

服装在生产、加工和运输过程中，要消耗大量的能源，同时产生废气、废水等污染物。在满足生活需要的前提下，每人每年少买一件不必要的衣服可节能约 2.5 千克标准煤，相应减排二氧化碳 6.4 千克。如果全国每年有 2 500 万人做到这一点，就可以节能约 6.25 万吨标准煤，相应减排二氧化碳 16 万吨。

2. 减少住宿宾馆时的床单换洗次数

床单、被罩等的洗涤要消耗水、电和洗衣粉，而少换洗一次，可省电 0.03 度、水 13 升、洗衣粉 22.5 克，相应减排二氧化碳 50 克。如果全国 10 000 家星级宾馆采纳"绿色客房"标准的建议（3 天更换一次床单），那么每年可综合节能约 1.9 万吨标准煤，相应减排二氧化碳 4.8 万吨。

3. 采用节能方式洗衣

（1）每月手洗一次衣服。

随着人们生活水平的提高，洗衣机已经进入千家万户。虽然洗衣机给生活带来很大的帮助，但只有两三件衣物就用机洗，会造成水和电的浪费。如果每月用手洗代替一次机洗，每台洗衣机每年可节能约 1.4 千克标准煤，相应减排二氧化碳 3.6 千克。如果全国 2.9 亿台洗衣机（2015年数据）都因此每月少用一次，那么每年可节能约 39 万吨标准煤，相应减排二氧化碳 102.6 万吨。

（2）每年少用 1 千克洗衣粉。

洗衣粉是生活必需品，但在使用中经常出现浪费的现象。如果合理使用就可以节能减排。比如，少用 1 千克洗衣粉，就可节能约 0.28 千克标准煤，相应减排二氧化碳 0.72 千克。如果全国 3.9 亿个家庭平均每户每年少用 1 千克洗衣粉，那么 1 年可节能约 10.9 万吨标准煤，相

应减排二氧化碳 28.1 万吨。

（3）选用节能洗衣机。

节能洗衣机比普通洗衣机节电约 50%，节水约 60%，每台节能洗衣机每年可节能约 3.7 千克标准煤，相应减排二氧化碳 9.4 千克。如果全国每年有 10% 普通洗衣机更新为节能洗衣机，那么每年可节能约 10 万吨标准煤，相应减排二氧化碳 26.7 万吨。

（二）食

1. 减少粮食浪费

"谁知盘中餐，粒粒皆辛苦"，然而现在浪费粮食的现象仍比较严重。少浪费 0.5 千克粮食（以水稻为例），可节能约 0.18 千克标准煤，相应减排二氧化碳 0.47 千克。如果全国平均每人每年减少粮食浪费 0.5 千克，那么每年可节能约 24.1 万吨标准煤，相应减排二氧化碳 61.2 万吨。

2. 减少畜产品浪费

每人每年少浪费 0.5 千克猪肉，可节能约 0.28 千克标准煤，相应减排二氧化碳 0.7 千克。如果全国平均每人每年减少猪肉浪费 0.5 千克，那么每年可节能约 35.3 万吨标准煤，相应减排二氧化碳 91.1 万吨。

3. 饮酒适量

（1）夏季每月少喝一瓶啤酒。

酷暑难耐，啤酒成了颇受欢迎的饮料，但"喝高了"的事情时有发生。在夏季的 3 个月里，如果每人平均每月少喝 1 瓶啤酒，那么 1 年可节能约 0.23 千克标准煤，相应减排二氧化碳 0.6 千克。从全国范围来看，每年可节能约 29.7 万吨标准煤，相应减排二氧化碳 78 万吨。

（2）每年少喝 0.5 千克白酒。

白酒丰富了生活，更成就了中华民族灿烂的酒文化。不过，醉酒却容易酿成事故。如果每人每年少喝 0.5 千克白酒，那么可节能约 0.4 千克标准煤，相应减排二氧化碳 1 千克。如果全国 2 亿（估计）酒民平均每人每年少喝 0.5 千克白酒，那么每年可节能约 8 万吨标准煤，相应减

排二氧化碳 20 万吨。

4. 减少吸烟

吸烟不仅有害健康，而且香烟生产会消耗能源。1 天少抽 1 支烟，每人每年可节能约 0.14 千克标准煤，相应减排二氧化碳 0.37 千克。如果全国 3.5 亿（估计）烟民都这么做，那么每年可节能约 5 万吨标准煤，相应减排二氧化碳 12.5 万吨。

（三）住

1. 节能装修

（1）减少装修铝材的使用量。

铝是能耗最大的金属冶炼产品之一。装修时减少使用 1 千克铝材，可节能约 9.6 千克标准煤，相应减排二氧化碳 24.7 千克。如果全国每年 2 000 万户左右家庭的装修能做到这一点，那么可节能约 19.1 万吨标准煤，相应减排二氧化碳 49.4 万吨。

（2）减少装修钢材的使用量。

钢材是住宅装修最常用的材料之一，钢材生产是耗能排碳的大户。装修时减少使用 1 千克钢材，可节能约 0.74 千克标准煤，相应减排二氧化碳 1.9 千克。如果全国每年 2 000 万户左右家庭的装修能做到这一点，那么可节能约 1.4 万吨标准煤，相应减排二氧化碳 3.8 万吨。

（3）减少装修木材的使用量。

装修时适当减少木材的使用量，不但保护森林，增加二氧化碳吸收量，而且减少了木材加工、运输过程中的能源消耗。装修时少使用 0.1 立方米的木材，可节能约 25 千克标准煤，相应减排二氧化碳 64.3 千克。如果全国每年 2 000 万户左右家庭的装修能做到这一点，那么可节能约 50 万吨标准煤，相应减排二氧化碳 129 万吨。

（4）减少建筑陶瓷的使用量。

家庭装修时使用陶瓷能使住宅更美观。不过，浪费也就此产生，部分家庭甚至存在过度装修的现象。节约 1 平方米的建筑陶瓷，可节能约 6 千克标准煤，相应减排二氧化碳 15.4 千克。如果全国每年 2 000 万户左右家庭的装修能做到这一点，那么可节能约 12 万吨标准煤，相应减

排二氧化碳 30.8 万吨。

2. 农村住宅使用节能砖

与黏土砖相比，节能砖具有节土、节能等优点，是优越的新型建筑材料。在农村推广使用节能砖，具有广阔的节能减排前景。使用节能砖建 1 座农村住宅，可节能约 5.7 吨标准煤，相应减排二氧化碳 14.8 吨。如果我国农村每年有 10% 的新建房屋改用节能砖，那么全国可节能约 860 万吨标准煤，相应减排二氧化碳 2 212 万吨。

3. 合理使用空调

（1）选用节能空调。

如果一台节能空调比普通空调每小时少耗电 0.24 度，按全年使用 300 小时的保守估计，可节电 72 度，相应减排二氧化碳 69 千克。如果全国每年 10% 的空调更新为节能空调，那么可节电约 10.8 亿度，相应减排二氧化碳 105 万吨。

（2）出门提前关空调。

空调房间的温度不会因为空调关闭而马上升高。假设出门前 15 分钟关空调，每台每年可节电约 25 度，相应减排二氧化碳 24 千克。如果对全国约 1.5 亿台空调都采取这一措施，那么每年可节电约 37.5 亿度，相应减排二氧化碳 360 万吨。

4. 合理使用电风扇

虽然空调在我国家庭中逐渐普及，但电风扇的数量仍然巨大。电风扇的耗电量与扇叶的转速成正比，同一台电风扇的最高挡与最低挡的耗电量相差约 40%。在大部分的时间里，中、低挡风速足以满足纳凉的需要。以一台 60 瓦的电风扇为例，如果使用中、低挡转速，那么全年可节电约 2.4 度，相应减排二氧化碳 23 千克。如果对全国约 4.7 亿台电风扇都采取这一措施，那么每年可节电约 11.3 亿度，相应减排二氧化碳 108 万吨。

5. 合理采暖

通过调整供暖时间、强度，使用分室供暖阀等措施，每户每年可节能约 326 千克标准煤，相应减排二氧化碳 837 千克。如果每年有 10% 的

北方城镇家庭完成供暖改造，那么全国每年可节能约 300 万吨标准煤，相应减排二氧化碳 770 万吨。

6. 农村住宅用太阳能供暖

太阳能是我国重点发展的清洁能源。一座农村住宅使用被动式太阳能供暖，每年可节能约 0.8 吨标准煤，相应减排二氧化碳 2.1 吨。如果我国农村每年有 10% 的新建房屋使用被动式太阳能供暖，那么全国可节能约 120 万吨标准煤，相应减排二氧化碳 308.4 万吨。

7. 采用节能的家庭照明方式

（1）家庭照明改用节能灯。

以高品质节能灯代替白炽灯，不仅能减少耗电，还能提高照明效果。以 11 瓦节能灯代替 60 瓦白炽灯，按每天照明 4 小时计算，1 支节能灯 1 年可节电约 71.5 度，相应减排二氧化碳 68.6 千克。按照全国每年更换 1 亿支白炽灯的保守估计，共可节电 71.5 亿度，相应减排二氧化碳 686 万吨。

（2）在家随手关灯。

养成在家随手关灯的好习惯，每户每年可节电约 4.9 度，相应减排二氧化碳 4.7 千克。如果全国 3.9 亿户家庭都能做到，那么每年可节电约 19.6 亿度，相应减排二氧化碳 188 万吨。

8. 采用节能的公共照明方式

（1）增加公共场所的自然采光。

如果全国所有的商场、会议中心等公共场所白天全部采用自然光照明，可以节约用电量约 820 亿度。即使只有 10% 的公共场所做到这一点，每年仍可节电 82 亿度，相应减排二氧化碳 787 万吨。

（2）公共照明采用 LED 灯。

同样亮度下，LED 灯耗电量仅为白炽灯的十分之一，寿命却是白炽灯的 100 倍。如果我国每年有 10% 的传统光源被 LED 灯代替，那么可节电约 90 亿度，相应减排二氧化碳 864 万吨。

（四）行

1. 每月少开一天车

每月少开一天车，每车每年可节油约 44 升，相应减排二氧化碳 98

千克。如果全国 1 248 万辆私人轿车的车主都做到这一点，那么每年可节油约 5.54 亿升，相应减排二氧化碳 122 万吨。

2. 以节能方式出行 200 公里

骑自行车或步行代替驾车出行 100 公里，可以节油约 9 升；坐公交车代替自驾车出行 100 公里，可省油 5/6。按以上方式节能出行 200 公里，每人可以减少汽油消耗 16.7 升，相应减排二氧化碳 36.8 千克。如果全国 1 248 万辆私人轿车的车主都这么做，那么每年可以节油 2.1 亿升，相应减排二氧化碳 46 万吨。

3. 选购小排量汽车

汽车耗油量通常随排气量上升而增加。排气量为 1.3 升的车与 2.0 升的车相比，每年可节油 294 升，相应减排二氧化碳 647 千克。如果全国每年新售轿车（约 382.9 万辆）的排气量平均降低 0.1 升，那么可节油 1.6 亿升，相应减排二氧化碳 35.4 万吨。

4. 选购混合动力汽车

混合动力车可省油 30% 以上，每辆普通轿车每年可因此节油约 378 升，相应减排二氧化碳 832 千克。如果混合动力车的销售量占全国轿车年销售量的 10%（约 38.3 万辆），那么每年可节油 1.45 亿升，相应减排二氧化碳 31.8 万吨。

5. 科学用车，注意保养

汽车车况不良会导致油耗大大增加，而发动机的空转也很耗油。通过及时更换空气滤清器、保持合适胎压、及时熄火等措施，每辆车每年可减少油耗约 180 升，相应减排二氧化碳 400 千克。如果全国 1 248 万辆私人轿车每天减少发动机空转 3～5 分钟，并有 10% 的车况得以改善，那么每年可节油 6.0 亿升，相应减排二氧化碳 130 万吨。

（五）用

1. 用布袋取代塑料袋

尽管少生产 1 个塑料袋只能节能约 0.04 克标准煤，相应减排二氧化碳 0.1 克，但由于塑料袋日常用量极大，如果全国减少 10% 的塑料袋使用量，那么每年可以节能约 1.2 万吨标准煤，相应减排二氧化碳

3.1 万吨。

2. 减少使用一次性筷子

我国是人口大国，广泛使用一次性筷子会消耗大量森林资源。如果全国减少 10% 的一次性筷子使用量，那么每年可减少二氧化碳排放约10.3 万吨。

3. 尽量少用电梯

目前，全国电梯年耗电量约 300 亿度。通过较低楼层改走楼梯、多台电梯在休息时间只部分开启等行动，大约可减少 10% 的电梯用电。这样一来，每台电梯每年可节电 5 000 度，相应减排二氧化碳 4.8 吨。如果全国 60 万台左右的电梯采取此类措施，那么每年可节电 30 亿度，相当于减排二氧化碳 288 万吨。

4. 使用冰箱注意节能

（1）选用节能冰箱。

1 台节能冰箱比普通冰箱每年可以省电约 100 度，相应减少排放二氧化碳 100 千克。如果全国每年新售出的 1 427 万台冰箱都达到了节能冰箱的标准，那么全国每年可节电 14.7 亿度，相当于减排二氧化碳 141 万吨。

（2）合理使用冰箱。

如果每天减少 3 分钟的冰箱开门时间，1 年可省 30 度电，相应减少排放二氧化碳 30 千克；及时给冰箱除霜，每年可以节电 184 度，相应减少排放二氧化碳 177 千克。如果对全国 1.5 亿台冰箱普遍采取这些措施，每年可节电 73.8 亿度，相应减少排放二氧化碳 708 万吨。

5. 合理使用电脑、打印机

（1）不用电脑时以待机代替屏幕保护。

不用电脑时以待机代替屏幕保护，每台台式电脑每年可省电 6.3 度，相应减排二氧化碳 6 千克；每台笔记本电脑每年可省电 1.5 度，相应减排二氧化碳 1.4 千克。如果对全国约 7 700 万台电脑都采取这一措施，那么每年可省电 4.5 亿度，相应减排二氧化碳 43 万吨。

（2）用液晶电脑屏幕代替 CRT 屏幕。

液晶屏幕与传统 CRT 屏幕相比，大约节能 50%，每台每年可节电

约 20 度，相应减排二氧化碳 19.2 千克。如果全国约 4 000 万台 CRT 屏幕都被液晶屏幕代替，那么每年可节电约 8 亿度，相应减排二氧化碳 76.9 万吨。

（3）调低电脑屏幕亮度。

如果调低电脑屏幕亮度，那么每台台式电脑每年可省电约 30 度，相应减排二氧化碳 29 千克；而每台笔记本电脑每年可省电约 15 度，相应减排二氧化碳 14.6 千克。如果对全国约 7 700 万台电脑屏幕都采取这一措施，那么每年可省电约 23 亿度，相应减排二氧化碳 220 万吨。

（4）不用打印机时将其断电。

不用打印机时将其断电，每台每年就可省电 10 度，相应减排二氧化碳 9.6 千克。如果对全国约 3 000 万台打印机都采取这一措施，那么全国每年可节电约 3 亿度，相应减排二氧化碳 28.8 万吨。

6. 合理使用电视机

（1）每天少开半小时电视。

每天少开半小时电视，每台每年可节电约 20 度，相应减排二氧化碳 19.2 千克。如果全国有 1/10 的电视机每天减少半小时可有可无的开机时间，那么全国每年可节电约 7 亿度，相应减排二氧化碳 67 万吨。

（2）调低电视屏幕亮度。

将电视屏幕设置为中等亮度，既能达到最舒适的视觉效果，还能省电，即每台电视机每年的节电量约为 55 度，相应减排二氧化碳 5.3 千克。如果对全国约 3.5 亿台电视机都采取这一措施，那么全国每年可节电约 19 亿度，相应减排二氧化碳 184 万吨。

7. 适时将电器断电

（1）饮水机不用时断电。

据统计，饮水机每天真正使用的时间大约 9 个小时，其他时间基本闲置，近 2/3 的用电量因此被白白浪费掉。如果在闲置时关闭电源，每台饮水机每年就可节电约 366 度，相应减排二氧化碳 351 千克。如果对全国约 4 000 万台饮水机都采取这一措施，那么全国每年可节电约 145 亿度，相应减排二氧化碳 1 405 万吨。

（2）及时拔下家用电器的插头。

电视机、洗衣机、微波炉、空调等家用电器，在待机状态下仍在耗电。如果全国 3.9 亿户家庭都在用电后拔下插头，那么每年可节电约 20.3 亿度，相应减排二氧化碳 197 万吨。

8. 合理用水

（1）给电热水器包裹隔热材料。

有些电热水器因缺少隔热层而造成电的浪费。如果家用电热水器的外表面温度很高，不妨自己动手"修理"一下——包裹一层隔热材料。这样，每台电热水器每年可节电约 96 度，相应减少排放二氧化碳 92.5 千克。如果全国约 1 000 万台电热水器能进行这项改造，那么每年可节电约 9.6 亿度，相应减排相应二氧化碳 92.5 万吨。

（2）淋浴代替盆浴，并控制洗浴时间。

盆浴是极其耗水的洗浴方式，如果用淋浴代替，每人每次可节水 170 升，同时减少等量的污水排放，可节能 3.1 千克标准煤，相应减排二氧化碳 8.1 千克。如果全国 1 000 万盆浴使用者的 20% 能做到这一点，那么全国每年可节能约 115 万吨标准煤，相应减排二氧化碳 295 万吨。

（3）适当调低淋浴温度。

适当将淋浴温度调低 1℃，每人每次淋浴可相应减排二氧化碳 35 克。如果全国 13 亿人有 20% 这么做，那么每年可节能 64.4 万吨标准煤，相应减排二氧化碳 165 万吨。

（4）洗澡用水及时关闭。

洗澡时应该及时关闭自来水开关，以减少不必要的浪费。这样一来，每人每次可相应减排二氧化碳 98 克。如全国有 3 亿人这么做，每年可节能 210 万吨标准煤，相应减排二氧化碳 536 万吨。

（5）使用节水型水龙头。

使用节水型水龙头可比手动水龙头节水 30% 左右，每户每年可因此节能 9.6 千克标准煤，相应减排二氧化碳 24.8 千克。如果全国每年 200 万户家庭更换水龙头时都选用节水型水龙头，那么可节能 2 万吨标

准煤，相应减排二氧化碳 5 万吨。

（6）避免家庭用水跑、冒、滴、漏。

一个没关紧的水龙头，在一个月内就能漏掉约 2 吨水，一年就漏掉 24 吨水，同时产生等量的污水排放。如果全国 3.9 亿户家庭的 20% 用水时能杜绝这一现象，那么每年可节能 68 万吨标准煤，相应减排二氧化碳 174 万吨。

（7）用盆接水洗菜。

用盆接水洗菜代替直接冲洗，每户每年可节水约 1.64 吨，同时减少等量污水排放，相应减排二氧化碳 0.74 千克。如果全国 1.8 亿户城镇家庭都这么做，那么每年可节能 5.1 万吨标准煤，相应减排二氧化碳 13.4 万吨。

9. 用太阳能烧水

太阳能热水器节能环保，使用寿命长。1 平方米的太阳能热水器 1 年节能 120 千克标准煤，相应减少排放二氧化碳 308 千克。2006 年年底，我国太阳能热水器面积已达到 9 000 万平方米左右，如果在此基础上每年新增 20% 的使用面积，那么全国每年可节能 216 万吨标准煤，相应减排二氧化碳 555 万吨。

10. 采用节能方式做饭

（1）煮饭提前淘米，并浸泡 10 分钟。

提前淘米并浸泡 10 分钟，然后用电饭锅煮，可大大缩短米熟的时间，节电约 10%。每户每年可因此省电 4.5 度，相应减少排放二氧化碳 4.3 千克。如果全国 1.8 亿户城镇家庭都这么做，那么每年可省电 8 亿度，相应减排二氧化碳 78 万吨。

（2）避免抽油烟机空转。

在厨房做饭时，应合理安排抽油烟机的使用时间，以避免长时间空转而浪费电。如果每台抽油烟机每天减少空转 10 分钟，1 年可省电 12.2 度，相应减少二氧化碳排放 11.7 千克。如果对全国保有的 8 000 万台抽油烟机都采取这一措施，那么每年可省电 9.8 亿度，相应减排二氧化碳 93.6 万吨。

（3）用微波炉代替煤气灶加热食物。

微波炉比煤气灶的能源利用率高。如果我国 5% 的烹饪工作用微波炉进行，那么与用煤气炉相比，每年可节能约 60 万吨标准煤，相应减排二氧化碳 154 万吨。

（4）选用节能电饭锅。

对同等重量的食品进行加热，节能电饭锅要比普通电饭锅省电约 20%，每台每年省电约 9 度，相应减排二氧化碳 8.65 千克。如果全国每年 10% 的城镇家庭更换电饭锅时选择节能电饭锅，那么可节电 0.9 亿度，相应减排二氧化碳 8.65 万吨。

11. 合理利用纸张

（1）重复使用教科书。

重复使用教科书是大势所趋。减少一本新教科书的使用，可以减少耗纸约 0.2 千克，节能 0.26 千克标准煤，相应减排二氧化碳 0.66 千克。如果全国每年有 1/3 的教科书得到循环使用，那么可减少耗纸约 20 万吨，节能 26 万吨标准煤，相应减排二氧化碳 66 万吨。

（2）纸张双面打印、复印。

纸张双面打印、复印，既可以减少费用，又可以节能减排。如果全国 10% 的打印、复印做到这一点，那么每年可减少耗纸约 5.1 万吨，节能 6.4 万吨标准煤，相应减排二氧化碳 16.4 万吨。

（3）用电子书刊代替印刷书刊。

如果将全国 5% 的出版图书、期刊、报纸用电子书刊代替，每年可减少耗纸约 26 万吨，节能 33.1 万吨标准煤，相应减排二氧化碳 85.2 万吨。

（4）用电子邮件、微信、QQ 代替纸质信函。

在互联网日益普及的形势下，用 1 封电子邮件、微信、QQ 代替 1 封纸质信函，可相应减排二氧化碳 52.6 克。如果全国 1/3 的纸质信函用电子邮件代替，那么每年可减少耗纸约 3.9 万吨，节能 5 万吨标准煤，相应减排二氧化碳 12.9 万吨。

（5）使用再生纸。

用原木为原料生产 1 吨纸，比生产 1 吨再生纸多耗能 40%。使用 1

张再生纸可以节能约 1.8 克标准煤，相应减排二氧化碳 4.7 克。如果将全国 2% 的使用纸张改为再生纸，那么每年可节能约 45.2 万吨标准煤，相应减排二氧化碳 116.4 万吨。

（6）用手帕代替纸巾。

用手帕代替纸巾，每人每年可减少耗纸约 0.17 千克，节能 0.2 吨标准煤，相应减排二氧化碳 0.57 千克。如果全国每年有 10% 的纸巾改用手帕代替，那么可减少耗纸约 2.2 万吨，节能约 2.8 万吨标准煤，相应减排二氧化碳 7.4 万吨。

12. 减少购买过度包装物品

商店购物等日常生活行为中，简单包装就可满足需要，使用过度包装既浪费资源又污染环境。减少使用 1 千克过度包装纸，可节能约 1.3 千克标准煤，相应减排二氧化碳 3.5 千克。如果全国每年减少 10% 的过度包装纸用量，那么可节能约 120 万吨标准煤，相应减排二氧化碳 312 万吨。

13. 合理回收城市生活垃圾

如果全国城市垃圾中的废纸和玻璃有 20% 加以回收利用，那么每年可节能约 270 万吨标准煤，相应减排二氧化碳 690 万吨。

14. 夜间及时熄灭户外景观灯

现代都市经常灯火通明，其中有不少能源被浪费掉了。如果全国的户外景观灯（共约 600 万千瓦）在午夜至凌晨时段及时熄灭，那么每年可节电约 88 亿度，相应减排二氧化碳 846 万吨。

15. 在农村推广沼气

建一个 8 ~ 10 立方米的农村户用沼气池，一年可相应减排二氧化碳 1.5 吨。按照 2015 年达到的推广水平（5 000 万个户用沼气池，年产沼气约 65 亿立方米），全国每年可减排二氧化碳 6 365 万吨。

16. 积极参加全民植树活动

1 棵树 1 年可吸收二氧化碳 18.3 千克，相当于减少了等量二氧化碳的排放。如果全国 3.9 亿户家庭每户每年都栽种 1 棵树，那么每年可多吸收二氧化碳 734 万吨。

二、 低碳着装

（一）与衣物有关的碳排放

1. 衣物生产过程中的碳排放

衣物生产过程中的碳排放过程贯穿从原料到成衣的整个生产周期，计算一下从纱线、布料到成衣的生产过程以及每个工厂的能源消耗量可知，生产一件衣服平均排放约 6.1 千克二氧化碳。

2. 衣物洗涤过程的碳排放

由于原料生产、成衣加工等都需要消耗能源，一件衣服从买回到丢弃，共计排放 4 千克二氧化碳，其中 60% 发生在洗衣与烘衣过程中。

洗衣机清洗衣物不仅耗水，而且费电。洗衣机每一个标准洗衣周期要比手洗多耗水一倍还多，由此相应增加排放 0.04 千克二氧化碳。而以全自动波轮洗衣机洗一次衣服需要 45 分钟估算，每洗一次衣服排放 0.2~0.3 千克二氧化碳。功率为 1 200 瓦的干衣机干洗 5 千克衣物一般耗时 40 分钟左右，也就是说，干洗一次衣物大约会排放 0.8 千克二氧化碳，远远高于洗衣机的碳排放量。

衣物洗涤过程的碳排放还包括洗衣粉的使用，其碳排放不仅与洗衣粉的含碳成分有关，而且还体现在生产洗衣粉时的能耗上。生产 1 千克洗衣粉大约排放 0.7 千克二氧化碳。

3. 烘干衣物的碳排放

某些材质的衣物不仅要用烘干机烘干，而且还需要熨烫。烘干一件衣服要比自然晾干多排放 2.3 千克二氧化碳。使用功率为 800 瓦的电熨斗熨一次衣服大约需要 30 分钟，每熨一次衣服大约排放 0.4 千克二氧化碳。

4. 不同材质衣物的碳排放

衣物的材质不同，在生产、烘干等阶段的二氧化碳排放量也不尽相同。化学合成纤维的衣服在制造过程中要比天然纤维材质的衣服消耗更多的能源，排放更多的二氧化碳到大气中。相对而言，生产原棉纤维只

消耗 10% 的能源，制造纯棉材质的 T 恤消耗 12% 的能源，制造聚酯材质的 T 恤消耗更多的能源。而在烘干阶段，棉质衣物要比聚酯衣物烘干时间长，多消耗能源；普通单一材质的衣物要比混合材质的衣物消耗更多的能源。

（二）选择自然质地或节能装

1. 衣服多穿"纯天然"

倡导简单朴素的穿衣风格，选择棉、麻、丝、毛等自然质地的衣料替代尼龙、涤纶等化纤织物，这样不仅减少了纺织加工工业的污染排放量，也有益于身体健康。

2. 节能穿衣法

穿衣要合时令。炎热的季节穿轻便、质薄的服装，男士尽量不打领带；寒冷的季节加穿棉毛衣物，女性尽量少穿裙子。

3. 少买不必要的衣服

新潮时尚的衣服使用周期非常短，而衣服及其原料的生产过程会产生二氧化碳排放。因此，应减少购买一些不必要的一次性衣服。

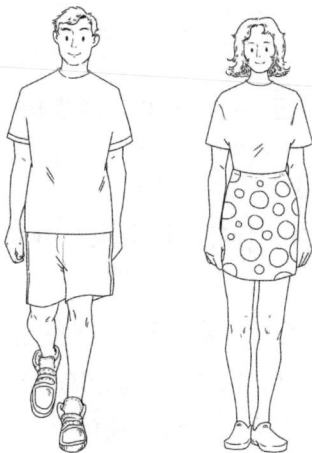

图 6-1 节能穿衣

（三）低碳洗衣

1. 尽量手洗衣物

使用洗衣机洗涤衣物，比手洗增加了电能的消耗，导致排放更多二氧化碳。因此，如果需要洗涤的衣物不多，应尽量选择手洗的方式。在洗衣前适当浸泡衣物一段时间，可以缩短洗衣时间，从而减少二氧化碳的排放。

图 6-2　尽量手洗衣物

2. 机洗注意节水节电

使用洗衣机洗衣物时，选择一些节水节电的小窍门，可以减少碳排放量。

（1）先用少量水加洗衣粉将衣物充分浸泡一段时间，再手洗去除比较严重的污渍，最后用机洗，能够减少碳排放量。

（2）选择合理的洗衣模式。同样长的洗涤时间，"轻柔"模式比"标准"模式叶轮换向次数多，电机会增加反复启动的次数，因此"轻柔"模式更费电。

（3）洗衣后脱水 2 分钟即可。洗衣机在转速为 1 680 转/分钟的情况下脱水 1 分钟，衣物的脱水率就可达到 55%，延长脱水时间对提高

脱水率作用很小，但会增加能耗。

（4）漂洗用水再利用。漂洗后的水，可作为下次洗衣物的洗涤用水，或用来擦地、冲厕所等。

3. 使用适量洗衣粉

洗衣物时洗衣粉的用量应合适，并且尽量选择无磷洗衣粉，以减少含磷清洁剂对环境造成的污染。少用 1 千克洗衣粉，可减少约 0.7 千克二氧化碳的排放。

4. 降低洗衣机的使用频率

把衣服攒在一起洗，降低洗衣机的使用频率，这样既可以省电、省水，还可节省洗涤时间和洗涤剂（洗衣粉）的用量。

5. 自然晾干衣物

用晾衣绳自然晾干衣物，不用烘干，每次可以减排 2 千克以上的二氧化碳。

图 6-3　自然晾干衣物

6. 减少衣物干洗次数

尽量少买需要干洗的衣服，并减少衣物干洗的次数。干洗过程不仅

耗电，而且使用的化学溶剂对身体和环境有害。

7. 使用电熨斗注意节电

（1）合理选择电熨斗。选择功率为 500~700 瓦，并且可以自动断电的调温电熨斗，不仅节约电能，还能保证熨烫衣服的质量。

（2）分时熨烫衣物。在通电初始阶段先熨耐温性较差的衣物，待温度升高后再熨耐温性较好的，断电后用余热再熨一部分耐性温较差的衣物。

8. 旧衣物再利用

自己动手将旧的牛仔裤裁成短裤，既节约又时尚；上衣袖子、裤腿等可以做成套袖、护膝、护腿；大块布可用做抹布或拖布；旧的棉质内衣裁剪消毒后可以给婴儿当尿布，既经济又好用。

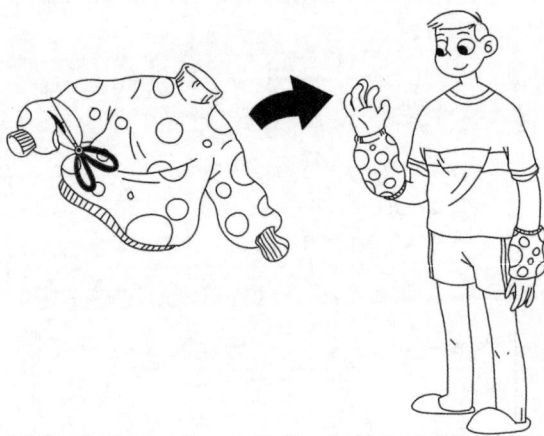

图 6-4　旧衣物再利用

9. 无纺布做抹布

女士化妆时蘸过爽肤水的无纺布、化妆棉及面膜纸均是很好的清洁工具。用它们擦拭窗户、地板、纱窗等清洁效果很好，不留异味，而且比普通的抹布易于清理，省时、省力，且节约清洗用水。

三、 低碳饮食

(一) 与食物有关的碳排放

1. 生产食物的碳排放

目前城市居民的食物通常是在农场或养殖场中集中培育的，动植物的生长和发育需要适度的温度和光照，因此，农场或养殖场必须使用燃料或电力来维持其运行。例如，英国每年为了维持农场的运行需排放550 万吨以上的二氧化碳。

肥料的生产与运输、植物耕作、动物自身排放、饲料被动物食用等过程中都会释放不同数量的二氧化碳。例如，每千克肥料对应 6.7 千克二氧化碳的排放量，这其中包括了肥料生产和运输的碳排放。

食物种类不同，生产它们产生的碳排放量也不同。饲养的动物经常食用植物，由于植物养料转化为动物身体组织过程中有能量的损失，因此生产动物食品往往比生产植物食品消耗更多的能量，排放更多的二氧化碳。例如，生产 1 千克猪肉要排放 1.4 千克二氧化碳，而生产 1 千克水果或蔬菜排放的二氧化碳量仅为 0.7 千克左右。

2. 运输食物的碳排放

居民食用的食物中，很大部分并不来源于本地，而是通过不同的方式从外地运输来的。火车、汽车、飞机等不同的运输方式会产生不同的二氧化碳排放量，相同里程的飞机运输所排放的二氧化碳是汽车运输的3 倍左右。因此，从外地甚至外国空运食品将会排放更多的二氧化碳。储藏条件允许时，可大批量购入肉类和鸡蛋等，既降低成本，又减少运输过程的能耗。

图 6 - 5　运输食物的碳排放

3. 包装和储存食物的碳排放

在超市中购买的食品绝大多数都有外包装，包装材料包括塑料、纸、铝制品等。在这些包装材料中，铝是生产过程中排放二氧化碳最多的，每生产 1 千克铝材料需要排放 24.7 千克二氧化碳。每生产 1 个塑料袋也会排放 0.1 克二氧化碳。虽然生产单个塑料袋的碳排放量很小，但塑料袋的使用量极大，总的碳排放量也不可小视。而且塑料不易分解，大量使用会造成严重的环境污染。食品生产商为了吸引顾客，往往追求过度包装。每使用 1 千克的过度包装纸，将排放 3.5 千克二氧化碳。因此，优先购买大容量包装的牛奶和饮料，尽量减少不必要的包装。

在食物的储存方面，冷冻食品通常保存在冰箱的冷冻室里，需要耗费大量的电能。每用 1 度电，相应排放约 1 千克二氧化碳到大气中。因此，过多购买和食用冷冻食品，间接消耗了大量能源，排放了更多的二氧化碳。

4. 烹饪食物的碳排放

烹饪食物使用的能源种类不同，其排放的二氧化碳量也有所不同。使用 1 度电（火力发电）烹饪食物要排放约 1 千克二氧化碳，但如果改用天然气，获得相同的热量却能减少 0.8 千克二氧化碳的排放。不良的烹饪方式，也会导致更多二氧化碳的排放。如烧烤是一种碳排放量较大

的烹饪方式，烧烤一次排放 4 千克左右的二氧化碳。

5. 不良饮食习惯导致的碳排放

在现代社会中，工作与生活节奏加快，人们感受到的各方面压力增大，因此许多人将精神寄托于烟酒，甚至烟酒不离身。这种行为不但损害身体健康，还造成对气候的破坏。多喝一瓶啤酒会增加 0.2 千克二氧化碳的排放，多喝一两白酒会增加 0.1 千克二氧化碳排放，而每天多抽一支烟，每人每年会因此增加排放约 0.4 千克二氧化碳。

6. 浪费食物导致的碳排放

每浪费 0.5 千克粮食（以水稻为例），会增加二氧化碳排放量约 0.5 千克，而浪费畜产品比浪费粮食造成更多二氧化碳的排放。每浪费 0.5 千克的猪肉会增加二氧化碳排放量 0.7 千克。这些被浪费的食物在掩埋后，有可能继续排放大量的二氧化碳和甲烷等温室气体。

7. 浪费水导致的碳排放

浪费水也会带来二氧化碳的不必要排放。每浪费 1 千克自来水会增加约 50 克二氧化碳排放量。如果浪费的是开水，又额外增加约 35 克二氧化碳排放量。而这些浪费的水最后都混入了生活污水中，又增加了污水处理环节的二氧化碳排放量。

（二）选择本地食品

1. 选择本地食品

尽量选择本地生产的食品，以减少食品运输过程中排放的二氧化碳。有条件的话，可以选择自己种植水果和蔬菜。例如，生产 1 千克本地水果相应排放的二氧化碳量为 0.7 千克左右，而如果选择热带水果则会排放二氧化碳 3.3 千克左右，相当于本地水果碳排放量的 4.5 倍以上。

2. 选择当季水果和蔬菜

过季水果和蔬菜一部分在温室中种植，另一部分从其他地区引进。温室种植往往需要消耗更多的能源，会排放大量的二氧化碳；从其他地区引进则会在运输过程中产生碳排放。例如，生产 1 千克当季蔬菜只排放 0.7 千克左右的二氧化碳，而生产 1 千克温室蔬菜的二氧化碳排放量

约为 6.6 千克，大大超过了生产当季蔬菜的二氧化碳排放量。

（三）多吃果蔬，少吃肉类

1. 多吃水果和蔬菜，减少肉类消费

在肉类食物中，生产牛肉、羊肉所排放的二氧化碳最多，其次是猪肉和鱼肉，而水果和蔬菜都在二氧化碳排放量最少的食物之列，并且其生长周期相比肉类来说短很多。一个人如果一周内少吃 1 千克猪肉，转而食用蔬菜，就会减少 0.7 千克二氧化碳排放量，一年减少二氧化碳排放量将达到 36.4 千克。此外，水果可以直接食用，而蔬菜相对于肉类来说，烹饪方式简单，烹饪时间较短，因此也减少了二氧化碳的排放。

2. 少喝瓶装水，选择软包装饮料

瓶装水从取水、加工、包装、运输、销售到空瓶回收，都要消耗大量的资源和能源。例如，饮料瓶在生产过程中要消耗大量的水，一个容量为 1 升的塑料瓶在生产过程中需要消耗 7 升水。

在较常见的食品包装材料中，铝制材料在生产过程中排放的二氧化碳较多。因此，选择软包装饮料，拒绝铝制品包装的饮料，如易拉罐的可乐、啤酒等，可以显著减少碳排放。尽量减少瓶装或罐装饮料的供应，出售瓶装饮料时尽量回收饮料瓶。

3. 减少一次性餐具的使用

使用一次性餐具的目的是保证卫生，却在不经意间增加了碳排放。例如，一次性吸管一般用塑料制成，一次性筷子和纸杯的主要原料是木材，生产这些产品都直接或间接地排放了二氧化碳。因此，外出就餐时，不妨自带餐具，更健康低碳。尽量选用经清洗可反复使用的桌布、餐具，尽量减少使用一次性用品。

要求服务员和厨师使用可重复清洁、重复使用的帽子，规定员工在食用工作餐时使用非一次性餐具。

（四）合理烹饪

1. 选择简单的烹饪方式

烹饪方式有蒸、煲、炒、煎、凉拌等，其中煲汤、煮粥等都要花费几个小时，相当费电。而凉拌食品不仅爽脆可口，准备时间短，操作简

单，而且几乎不消耗烹饪能源。因此，在每次用餐时，如果已经有了其他方式烹饪的菜，不妨多准备几个凉菜，既可以品尝不同的味道，又可以减少能源浪费，还减少了二氧化碳的排放。

由于烧烤的碳排放量比其他烹饪方式高很多，因此应尽量减少烧烤次数。实在不能避免，则应尽量拼桌和结伴烧烤，以减少人均碳排放量。

2. 选择低碳烹饪用具

（1）优先选用微波炉。

微波炉的能源利用率明显高于一般电饭煲，使用 900 瓦的电饭煲烹饪食品 30 分钟，要排放 0.45 千克二氧化碳；而使用 700 瓦的微波炉仅需 7 分钟左右，相应的二氧化碳排放量只有 0.08 千克。

（2）选用节能电饭煲。

如果喜欢使用电饭煲煮饭，则应选择节能电饭煲。对同等重量的食品进行加热，节能电饭煲比普通电饭煲省电约 20%，每台每年省电约 9 度，相应减排二氧化碳约 9 千克。

3. 其他低碳的烹饪习惯

（1）做饭时应先将食物放在锅上再点火，避免烧空灶，浪费燃气。

（2）煮饭时，提前淘米并浸泡 10 分钟左右，然后再用电饭煲煮，可大大缩短烹饪时间。

（3）用电饭煲煮好饭后应及时拔掉电源，利用余热来加热米饭。

（4）不要使用电饭煲烧水。同样功率的电饭煲和电水壶烧一瓶开水，电水壶仅需要 5~6 分钟，而电饭煲却需要 20 分钟左右。

（5）用微波炉加热食品时，应在盛食品的碗碟外面套上专用的保鲜膜，如此可以缩短加热时间，达到省电效果，而且食物水分不会散失，味道更加鲜美。

（6）烹饪食物最好用中火，可节省燃气。

（7）保持厨房良好的通风环境，防止燃气燃烧时缺少充足氧气，增加耗气量。

（8）合理安排抽油烟机的使用时间，避免空转耗能。

图 6-6　低碳烹饪

4. 不抽烟或尽量少抽烟

吸烟危害身体健康，生产香烟还会向大气中排放二氧化碳。如果我国的烟民都能做到每天少抽一支烟，那么每年可减排二氧化碳 13 万吨。

5. 适量饮酒

啤酒和白酒都要以粮食为原料酿造，间接排放了二氧化碳。而酿酒过程需要消耗能源，同样需要排放二氧化碳。因此，尽量不要饮酒，既减少碳排放，又有益身体健康。

6. 更新存货，减少浪费

新进的货物放在货柜里面和下面，先用存货。注意定时清查库房，尽量减少因食物腐烂造成的浪费。

7. 购买用再生材料制作的纸制品

优先购买用再生材料制作的纸制品，包括卫生纸、餐巾纸、面巾纸、马桶垫及袋子等。

8. 厨房去污小窍门

（1）不锈钢厨具去油。

处理不锈钢厨具表面油渍，只需在其上洒少许面粉，再用废旧软塑料或布擦，即光亮如新，从而减少洗涤剂和水的用量。

（2）巧用面汤。

面条汤、饺子汤有一定的去油污作用，可用来洗刷碗筷。这样可减少洗涤剂在锅体内的蓄积和对水质的污染。

（3）地面油污巧去除。

醋有清除油污的功效。拖地时在拖把上倒一点醋，即可去除地面油污。如果水泥地面上的油污很难去除，可在前一天晚上弄点草木灰，用水调成糊状涂在地面上，第二天再用清水冲洗，水泥地面便焕然一新，这样还可以减少洗涤剂和水的用量。

（4）灶具油污巧去除。

用黏稠的米汤涂在粘有油污的灶具上，待米汤结痂干燥后，用铁片轻刮，油污即随之去除。如用较稀的米汤、面汤直接清洗，效果也不错。

（5）玻璃油污巧去除。

先用碱性去污粉擦拭玻璃油污，然后用氢氧化钠或稀氨水溶液涂在玻璃上，半小时后用布擦洗，玻璃就会变得光洁明亮。

（6）纱窗油污巧去除。

先用笤帚扫去表面的粉尘，再用 15 克清洁剂加水 500 毫升，搅拌均匀后用抹布两面擦拭，即可去除油污。

（7）家具油污巧去除。

在清水中加入适量醋来擦拭家具，即可去除家具油污。或用漂白粉溶液浸泡一会儿再擦，去污效果也不错。

（8）不锈钢渍迹巧去除。

用做菜剩下的萝卜头反复擦拭渍迹处，便能除去不锈钢渍迹。如果渍迹产生的时间已久，那么在萝卜头上沾些去污粉，效果更好。

四、 低碳居住

（一）健康住宅

根据世界卫生组织的定义，所谓"健康"就是"在身体上、精神上、社会上完全处于良好的状态，而不是单纯指疾病或体弱"。根据此定义，"健康住宅"是指能使居住者"在身体上、精神上、社会上完全处于良好的状态"的住宅，具体来说，健康住宅应满足以下 15 项标准：

（1）会引起过敏症的化学物质的浓度很低。

（2）为满足上述（1）的要求，尽可能不使用易散发化学物质的胶合板、墙体装修材料等。

（3）设有换气性能良好的换气设备，能将室内污染物质排至室外，特别是对高气密性、高隔热性房间来说，必须采用具有风管的中央换气系统，进行定时换气。

（4）在厨房灶具或吸烟处，要设局部排气设备。

（5）起居室、卧室、厨房、厕所、走廊和浴室等要全年保持在17℃～27℃之间。

（6）室内的湿度全年保持在 40%～70% 之间。

（7）二氧化碳要低于 1 000PPM。

（8）悬浮粉尘浓度要低于 0.15 毫克/平方米。

（9）噪声要小于 50 分贝。

（10）一天的日照时间确保在 3 小时以上。

（11）足够亮度的照明设备。

（12）住宅具有足够的抗自然灾害的能力。

（13）具有足够的人均建筑面积，并确保私密性。

（14）住宅要便于护理老人和残疾人。

（15）因建筑材料中含有害挥发性有机物质，所以住宅竣工后要隔一段时间才能住，在此期间要进行充分换气。

（二）与建筑材料等有关的碳排放

1. 生产住宅建筑材料的碳排放

建造住宅的主要建筑材料包括钢材、水泥、木材、砌体、中粗砂和商品砼等。将生产这些材料的碳排放量综合起来，每生产建造 1 平方米住宅所消耗的建筑材料需要排放 330～370 千克二氧化碳，其中钢材消耗产生的碳排放量为 64.2～142.8 千克（因住宅结构和楼层高度而异），水泥消耗产生的碳排放量为 99.2～118.0 千克，木材及其他建材消耗产生的碳排放量为 127.4～167.4 千克。而且高层住宅（9～14 层，建筑面积为 6 000～10 000 平方米）单位面积消耗建材的碳排放量最少，而超高层住宅（15 层以上，建筑面积 10 000 平方米以上）单位面积消耗建材的碳排放量最多，大约为高层住宅的 112%。

使用对人体无害的环保建筑材料和装饰材料

图 6-7 低碳住宅

2. 生产住宅装修材料的碳排放

装修住宅的材料多种多样，主要包括地面用砖、顶棚用板、包门材料、壁纸、地板用材、贴墙材料及涂料等，将生产这些材料的碳排放综合起来，每装修 1 平方米住宅需要排放 420～1 600 千克二氧化碳（因装

修材料不同而差异较大）。按全国城镇住宅面积 10.79 亿平方米计算，仅家庭装修这一项带来的碳排放量就接近 17.31 亿吨。

3. 使用家用电器的碳排放

家用电器种类繁多，但绝大部分要依靠电力运转，而每使用 1 度电（火力发电），排放的二氧化碳约为 1 千克。资料显示，2016 年城乡居民生活用电量为 8 054 亿千瓦时（1 千瓦时＝1 度电），相应的二氧化碳排放量超过 8.0 亿吨，按照人口总数 13 亿计算，每人每年用电排放的二氧化碳大约为 650 千克。

（三）低碳住宅窍门

1. 选择面积适宜的住宅

住宅面积越大，建筑材料和装修材料的使用量越大，取暖制冷的能耗也越大，二氧化碳排放量随之增长。因此，选择面积适宜的住宅，具有明显的二氧化碳减排效果。同时，超高层住宅单位面积消耗建材的碳排放量大约为高层住宅的 112%，因此，根据需要合理选择非超高层住宅也有助于减少建材消耗带来的碳排放。

2. 选择空心节能砖建造住宅

如果地面用砖为实心砌体，则 100 平方米住宅地面用砖相应排放的二氧化碳约为 5 460 千克。而选择空心节能砖，不仅可以起到更好的保暖作用，还可以降低二氧化碳的排放量。

图 6-8　选择空心节能砖建造住宅，减少木材使用量

3. 减少装修铝材使用量

铝的生产企业是耗能大户，也是排碳大户。每使用 1 千克装修铝材，相应排放二氧化碳约 24.7 千克。如果包门材料使用铝材，装修 1 平方米住宅相应的二氧化碳排放量将高达 1 600 千克，但如果改用其他材料，排放量最低可降至 420 千克。

4. 减少装修木材使用量

木材是住宅装修中使用量较大的建材，这不但使得大量木材原有的固碳功能丧失，还在其生产、运输中额外增加了二氧化碳的排放量。综合起来，少使用 0.1 立方米木材可相应减排二氧化碳 64.3 千克。

5. 玻璃幕墙贴反射膜或活动遮阳

玻璃围护受太阳热辐射相当强，如果不采取遮阳措施，会大大增加空调设备的运行负荷，活动遮阳或贴反射膜的方法可有效降低空调电耗。

6. 合理采暖

无论是采用空调取暖、集中供热取暖，还是电暖器取暖，都会因为能源消耗较大而不可避免地产生较多二氧化碳的排放。在提倡调整供暖时间、强度以及采取分室供暖等措施的同时，采用新能源（太阳能、地热能等）取暖等新型的低碳取暖方式可以起到更好的减排效果。如果我国农村每年有 10% 的新建房屋使用被动式太阳能供暖，全国可以减少二氧化碳排放约 310 万吨。

另外，进行家庭装修时，在门框、吊顶和地板内填充适量玻璃棉或矿物棉等防火保温材料，可以提高住宅的保温性能，减少取暖所需的能耗及其造成的碳排放。

7. 家庭节约用电

家庭节约用电的方法多种多样，在细节处经常会有新的发现。采用节能灯代替白炽灯，随手关灯，尽量利用自然采光等方法已不稀奇，关键还是要在日常生活中养成这种节约用电的习惯。如果我国每个家庭都能做到随手关灯、人走灯灭，那么每年可减排二氧化碳约 188 万吨。

图 6-9　随手关灯、人走灯灭

五、 低碳出行

（一） 各种出行方式的碳排放

1. 各种燃料的碳排放

出行产生的碳排放，主要来自交通工具的使用，特别是含碳化石燃料燃烧产生的碳排放，比如汽油、柴油、液化石油气（LPG）、液化天然气（LNG）等。每升车用汽油和柴油燃烧分别要排放约 2.4 千克和 2.8 千克二氧化碳，每升液化石油气和液化天然气燃烧产生的碳排放量分别为 3.3 千克和 2.3 千克。

2. 乘坐公交的碳排放

公共汽车是城市居民出行的主要代步工具。资料显示，北京公交车的平均耗油量为 4 公里/升，平均每辆车 30 人。如果每天上下班都乘坐公交车，以每天上下班乘坐公交车的里程为 30 公里计算，那么每人每天因此产生的二氧化碳排放量约为 0.6 千克。

3. 乘坐地铁的碳排放

地铁已成为广大市民不可或缺的公共交通选择方案之一。如果每天上下班都乘坐地铁，假设地铁每节车厢平均有 100 人，则每人每站将消

耗 0.125 度电。以每人每天乘坐地铁上下班总共 18 个站计算，那么每人每天因此产生约 2.3 千克二氧化碳。

4. 乘坐飞机的碳排放

据估算，乘飞机从巴黎到纽约来回平均每人排放 3 670 千克二氧化碳。即每飞行 1 公里，每位乘客平均排放约 0.3 千克二氧化碳。此外，曾有资料表明，不同舱位的乘客，因占用的飞机机舱体积大小不同，排放的二氧化碳量也不同。飞机每飞行 1 公里，平均每位乘客所排放的二氧化碳量分别是：头等舱 0.75 千克左右，商务舱 0.5 千克左右，经济舱 0.25 千克左右。因此乘飞机出差提倡乘坐经济舱。

5. 乘坐轿车的碳排放

随着经济的快速发展，私人轿车已经逐渐进入普通百姓家庭，尤其是我国大城市的轿车保有量一直在持续增加。截至 2015 年年底，北京市机动车保有量超过 560 万辆，其中私人汽车大约有 430 万辆。如果每天上下班都乘坐轿车（包括出租车和私家车），以每天上下班驾驶汽车或乘坐出租车的里程为 30 公里计算，平均油耗为 12 公里/升，那么每人每天因此产生约 5.9 千克的二氧化碳。

6. 骑摩托车的碳排放

在我国部分城市，尤其是中小城市，摩托车是人们出行的重要代步工具。如果每天上下班都骑摩托车，同样来回 30 公里的路程，以平均油耗为 40 公里/升计算，那么每人每天因此产生约 1.8 千克的二氧化碳。

（二）低碳出行

1. 尽量选择步行或骑自行车

步行和骑自行车的出行方式不需要消耗化石能源，是真正的低碳出行方式。在路途不是很远的情况下，尽量选择这两种出行方式，可明显减少燃油交通工具的碳排放。

2. 搭乘公共交通工具

将公共汽车和轨道交通（地铁）作为日常上下班的交通工具，是节约能源、减少碳排放量的好方法。例如去 10 公里以外的地方，乘坐

轨道交通可比开私家车减少2.1千克的二氧化碳排放量。

图6-10　出行提倡步行、骑自行车或搭乘公共交通工具

3. 拼车出行

拼车出行是指私家车主在不影响自己出行的情况下，顺路捎带他人到达目的地的行为，拼车时车主可收取少量成本。拼车出行可有效减少机动车的使用，节省燃油，减少碳排放量。

4. 选择低碳出行方式

随着通信的不断发展，以前的出差、会议等活动，现在可用电话会议或视频会议来代替。这样不仅节省时间和金钱，还减少了因外出使用交通工具和住宿所产生的碳排放。即使必须在国内出差，也应尽量减少乘坐飞机的次数，改乘火车、汽车等交通工具。据估算，短距离空中旅行所产生的二氧化碳是乘坐火车的3倍以上。如果到国外出差，尽量乘坐直航航线，而不是转机或中途经停的航线，并选乘经济舱。

5. 每周少开一天车

在时间和精力允许的情况下，尽量选择走路。每周少开一天车，平均一辆车一年可减排二氧化碳约430千克。

（三）选择低碳车型

1. 选择低碳汽车

汽车的碳排放主要来自燃料，因此选择低碳燃料可以显著降低碳排放量。如选择电动汽车，直接碳排放量可降为零；选择混合动力汽车，每年也可减排二氧化碳 830 千克。除了燃料的燃烧，汽车的大小、外形、内饰等也会影响碳排放量的多少。一般来说，大型 SUV 汽车和豪华汽车的二氧化碳排放量比家用中小型汽车要高出一倍以上。

2. 选用节油车型

私家车的日常开销主要是燃油，节油从选购车型开始。一般来说，小排量汽车适合家用，普通家用车比运动型车及跑车更省油，新款轿车发动机节油性能较好，可尽量选购新款车型。

3. 选择浅色车型

选择较浅的车身颜色和内装饰颜色，可以减少烈日下车内热量的吸收，降低空调负荷，从而降低油耗和二氧化碳排放量。

4. 选择低阻车型

购车时，应尽量选择造型圆润流畅的车型，这样车身风阻系数小，油耗也会显著下降。

（四）低碳驾驶

1. 避免冷车启动和突然加速

驾车时匀速行驶，避免急踩刹车和猛踩油门等，都可以减少油耗，降低碳排放量。

2. 减少怠速时间，避免过分使用空调

汽车怠速空转、空调过分使用都会增加油耗和碳排放量。交通堵塞时，停车即熄火，可减排二氧化碳约 40 克。夏天刚上车时，先开窗让车内热空气散去，再关窗开启空调，并尽可能将车停放在阴凉处。

3. 选择合适的车速与挡位

市区行驶时速 40～50 公里、高速公路行驶时速 90 公里最省油，其中高速行驶时，90 公里的时速较 110 公里的时速省油 20% 左右。

4. 高速行驶时不要开窗

车辆在高速行驶过程中，空气阻力相当大，是油耗增加的主要原因。因此如无必要，在高速行驶时尽量不要打开车窗，这样可以减少风阻，达到省油的目的。

5. 避免车辆超载

超过汽车额定载重量，每增加 1 千克的负荷，每公里将增加 0.01升的油耗。

6. 柔踩油门

汽车行进要加油，加油一定要"柔"。一辆车耗油还是省油，很大程度取决于驾驶员的加油方式。想省油，柔踩油门是关键，切忌猛踩猛踏，否则发动机在瞬间高速运转，事倍功半。

7. 保持车距

城市交通中由于红绿灯较多，车辆频繁起停。车辆行驶过程中要与前车保持足够的距离，这样在前车突然制动时，自己能有足够的反应时间，从而不必频繁制动，这样既安全又省油。

8. 策划路线好出行

走错路不但浪费燃料，而且浪费时间。因此，要养成出行前预先策划好行车路线的习惯。

9. 根据路况巧驾车

驾车上坡时应衡量一下车子的负重和路面的坡度，不要一下把油门踩到底，导致用油过多。下坡时多使用低挡辅以制动，既可避免车速提升过高，也可以降低对制动的损耗，降低油耗。

10. 交通堵塞难行进，停车即熄火

节油试验证明，发动机空转 3 分钟的油耗可以让汽车行驶 1 公里。为了避免发动机空转耗油，在交通堵塞难以行进的时候，超过 3 分钟的堵塞，或是前面被堵车辆不见头的情况都应熄火等待。

11. 避免低速挡长时间行驶

汽车在行驶时，只有发动机、加速踏板、挡位三位一体配合默契方能输出最佳动力。"超前"或"滞后"的挡位都将形成"拖挡"，增加

油耗。所以，行车时要尽量避免低速挡行驶，一旦条件允许，就要用高速挡位，并将时速保持在中速，这种状况下汽车最省油。

12. 不要超速行驶

汽车行驶过程中，都有自己的经济车速，在此车速下行驶耗油量最低。对于一般汽车而言，80 公里/时最省油，每增加 1 公里的时速，耗油量就增加 0.5%。

13. 清理后备厢

后备厢杂物过多，会增加车辆重量，过重的车辆在行驶时会更耗油。

（五）注意保养汽车

1. 燃油回路加装节油器

使用节油器可以提高燃料燃烧率，节省 5%～10% 的燃油费用，同时能够消除发动机积炭现象，从而延长发动机寿命，使发动机输出功率更加平稳，减少 20% 有害尾气的排放。

2. 采用汽车隔热措施

汽车隔热最立竿见影的措施就是配置具有高隔热性能的汽车玻璃贴膜，如吸收热量的薄膜、反光式的金属薄膜、光谱选择性金属薄膜、光谱选择性陶瓷薄膜等。在炎热的夏天，这种做法可使车内温度降低 5℃～10℃，大大降低了车内空调负荷及油耗。

3. 定期保养发动机空气滤清器

空气滤清器的保养方法十分简便，定期拆开空气滤清罩的盖子，取出滤芯查看。如果脏得不厉害，用一小棍子轻轻敲一下滤芯，掸去污垢即可；如果脏得很厉害，就要换新的滤芯了。

4. 清除发动机积炭

发动机燃烧室积炭太多，容易引起燃烧室内可燃混合气自燃，造成发动机功率下降，增加油耗。因此，在二级保养和因其他原因拆卸气缸盖时，应顺便清除燃烧室和活塞顶部的积炭，减少不必要的油耗。

5. 定期活化蓄电池

蓄电池电量不足会增加整车运行的油耗。每两三个月对蓄电池进行

一次活化处理，可恢复96%以上的蓄电池容量，并使蓄电池达到预期的使用寿命。

6. 维护消声器

由于消声器是安装在排气管中的，因此它或多或少都会阻碍废气的排放，消耗部分功率。如果消声器损坏，则会进一步阻碍废气的排放，增加油耗。在平时行驶过程中，要注意消声器的防锈工作，如在消声器内部加涂防锈油等。

7. 定期更换火花塞

火花塞能将高压电引进发动机的气缸内，在电极间产生火花，点燃混合气。火花塞的工作状态、间隙大小以及积炭多少都会直接影响汽车的功率和油耗。一般来说，每行驶4万公里就要考虑更换火花塞，使发动机处于最佳状态，减少能耗。

8. 定期保养发动机

发动机长久失调会多耗燃油，因此，要定期对发动机进行预防性保养。

9. 用黏度最低的发动机油

发动机油黏度越低，引擎就越省力，油耗也就越低。因此，尽量选用低黏度的发动机油，以达到省油的目的。汽车说明书上一般都有说明汽车所能用的最低黏度发动机油。

10. 保持冷却水箱的清洁，定期更换机油

水箱中积存杂质过多、机油不足等都会导致散热不畅及摩擦增大，影响发动机的功能，增加油耗。因此，需要定期给水箱换水，及时更换机油、"三芯"等，保证通风口畅通。

11. 使用汽油清净剂

对于使用年限较长的汽车来说，使用汽油清净剂带来的节油效果比较明显。而对新车来说，汽油清净剂也能保持新车燃油系统油路顺畅。保持喷油嘴、进气阀清洁，能使新车油耗长期保持在最佳水平。

12. 轮胎越窄越省油

车轮阻力与轮胎宽度密切相关，轮胎宽度大则车轮的阻力也相应增

大。因此，除非很需要额外的抓地能力，否则不要随意增加轮胎宽度，以致增加油耗。

13. 车身勤保养

车身出现凹陷变形会增加汽车行驶过程中遇到的气流阻力，增加油耗。因此，要勤于保养车身，使其保持良好状态。另外，有些华而不实的装饰品，也同样会增加阻力，以致增加油耗。

14. 保持正常胎压

轮胎气压不足时滚动阻力会大大增加，轮胎偏移或磨损过度也可能使油耗增加。因此，要定期检查胎压，并根据需要进行轮胎换位。

15. 根据标号选择匹配燃油

车用汽油的标号是根据它们的辛烷值单位来规定的，同时还有其他指标，如抗爆性、安定性、蒸发性和腐蚀性等。使用与车匹配的燃油可节省燃料，延长发动机寿命，同时减少汽车尾气的污染。

16. 加油适量

如果汽车基本上只在市区行驶，且加油比较方便，则加油时不必一次加满油箱。加足满满一箱油会增加自重，徒增油耗。特别是新车，不要第一次就一下子加满油箱，因为这有可能会使油浮及传感器失灵，导致油表失真。

17. 选用节水方式洗车

普通水枪洗一辆车需要 100 升水，造成很大浪费，尽量选用节水方式洗车，如高压水枪洗车、微水洗车、蒸汽洗车、干洗等方式，大大减少用水量，可节水 60% 以上。

六、 低碳工作

（一）合理使用电脑

1. 使用电脑的碳排放

现代办公离不开电脑，电脑运行所耗费的电是办公用电的重要组成部分。据估算，台式电脑主机每正常工作一小时，将因耗电产生 0.17

千克的碳排放量，而笔记本电脑工作一小时的碳排放量约为 0.04 千克。

作为电脑的显示设备，电脑显示屏也需要耗电并排放二氧化碳。一般电子射线管显示器（CRT）的功率在 100 瓦左右，每小时耗电约 0.1 度，相应排放二氧化碳约 0.1 千克；而液晶显示器（LCD）的功率一般在 40 瓦左右，每小时耗电约 0.04 度，相应排放二氧化碳约 0.04 千克。

2. 合理选择电脑配件

选择电脑配件时，应根据所从事的工作有针对性地进行选择，避免因配置过高而造成浪费。选择电脑的中央处理器（CPU）时，应选择热设计功耗（TDP）较小的 CPU。TDP 是指 CPU 散热时需要驱散的热量最大值，这个数值越小，说明 CPU 越节能。此外，如果只是一般工作使用，对显卡没有特殊的要求，则不要选择高性能的显卡，因为高性能显卡的发热量比中低性能显卡多，这就需要消耗更多电能来散热。

3. 为办公电脑设置合理的电源使用方案

短暂休息期间，可使电脑自动关闭显示器；较长时间不用，使电脑自动开启待机模式；更长时间不用，尽量开启电脑的休眠模式。坚持这样做，每天可至少节约 1 度电，还能延长电脑和显示器的寿命。

4. 使用耳机听音乐，减少音箱耗电量

在用电脑听音乐或者看影碟时，最好使用耳机，以减少音箱的耗电量。

5. 办公电脑配置要合适

选择合适的电脑配置。例如，显示器的选择要适当，因为显示器越大，消耗的能源越多，一台 17 英寸的显示器比 14 英寸显示器多 35% 的耗能。

6. 关掉不用的程序

使用电脑时，应养成关掉不用程序的习惯，特别是 MSN Messenger、桌面搜索、QuickTime、无线设备管理器等服务程序。

7. 办公电脑屏保要简单，及时关闭显示器

屏幕保护越简单越好，最好是不设置屏幕保护，运行庞大复杂的屏幕保护可能会比你正常运行电脑更加耗电。可以把屏幕保护设为

"无"，然后在电源使用方案里面设置关闭显示器的时间，直接关显示器比设置任何屏幕保护都要省电。

8. 办公电脑尽量选用硬盘

看 DVD 或者 VCD 时，不要使用内置的光驱和软驱，而应该复制到硬盘上面来播放，因为光驱的高速转动将耗费大量的电能。

9. 办公电脑禁用闲置接口和设备

对于暂时不用的接口和设备，如串口、并口和红外线接口、无线网卡等，可以在 BIOS 或者设备管理器里面禁用它们，从而降低负荷，减少用电量。

10. 电脑关机拔电源插头

关机之后，要将电源插头拔出，否则电脑会有约 4.8 瓦的能耗。

11. 显示器的使用

电脑只用来听音乐时，可以将显示器亮度调到最暗或干脆关闭，电脑关机后也要随手关掉显示器。

（二）选择低碳办公方式

1. 使用纸张的碳排放

办公使用的纸张，从砍伐树木到生产纸浆、纸张使用后的废纸处理，都会产生二氧化碳，而且这还不包括砍伐树木而减少的二氧化碳吸收量。据推算，生产一张 A4 纸将排放约 0.1 千克二氧化碳，每处理一张 A4 大小的废纸将排放约 0.12 千克二氧化碳。

2. 合理使用纸张

尽量使用再生纸，打印时尽量使用小号字体，尽量采用双面复印和打印。不过要大规模减少办公用纸，还在于尽可能阅读电子文档。

3. 选择低碳办公方式

办公室、会议室等采用自然光照明和自然通风，而非长时间使用电灯和空调。重复使用公文袋，并减少办公室内一次性物品（如一次性纸杯）的使用。夏天办公室内空调可适当调高温度，在较低楼层（如 1～4 层）办公的人员，尽量减少电梯的使用。

图 6 – 11　低碳办公

4. 打印机共享，节能效果更好

将打印机联网，办公室内共用一部打印机，可以减少设备闲置，提高效率，节约能源。

5. 运用草稿模式，打印机经济又节电

在打印非正式文稿时，可将标准打印模式改为草稿打印机模式。具体做法是，在执行打印前先打开打印机的"属性"对话框，单击"打印首选项"，其下就有一个"模式选择"窗口，打开"草稿模式"（有些打印机也称为"经济模式"），这样打印机就会以草稿模式打印。这种方法节省碳粉30%以上，同时可提高打印速度，节约电能。打印出来的文稿用于日常校对或传阅绰绰有余。

6. 断电拔插头

下班时或长时间不用，应关闭打印机及其服务器的电源，同时将插头拔出，因为待机模式也会消耗电能。

7. 会议提供小瓶瓶装水

会场为与会者提供的瓶装水往往有很多都没有喝完，建议用小瓶取代大瓶，可节约相当数量的会议成本。

8. 少用一次性用品

多用手帕擦汗、擦手，可减少卫生纸、面巾纸的浪费。尽量使用抹

布。使用可更换笔芯的圆珠笔、钢笔替换一次性书写笔。

9. 少用木杆铅笔

少用木杆铅笔，多用自动铅笔，可节约木材用量。

10. 少用含苯溶剂产品

多使用回形针、订书钉，少用含苯的溶剂产品，如胶水、修正液等。

11. 推行电子政务

尽量使用电子邮件、微信、QQ、OA 等代替纸类公文，积极倡导无纸化办公。

12. 重复利用公文袋

公文袋可以多次重复使用，各部门应将可重复使用的公文袋回收再利用。

13. 推广使用节能灯

办公室尽量都安装节能灯。一个 8 瓦节能灯泡的照明效果，顶得上 60 瓦普通灯泡，比普通灯泡节能 86%。目前我国的照明用电约占社会总用电量的 12%，白炽灯的使用量约为 30 亿只，因此，推广使用节能灯具有巨大的潜力。

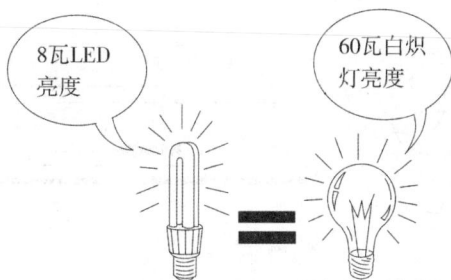

图 6-12　使用节能灯

14. 安装智能控制开关

并不是每个用能设备都需要长时间开启的，在使用率低的区域（如会议室）安装传感器，自动控制空调的开关，可以避免电能的浪费和过度制冷。

15. 优化用能设备的运行

有的办公设备每天只使用几个小时，却保持 8 小时甚至 24 小时连续运行，应该仔细研究各用能设备的使用时间和频率、使用负荷的要求，以便随时调节和控制，从而优化用能设备的运行，达到节能和环保的目的。

16. 优化运行车库的通风设备

车库通风设备耗电很大，应根据不同时段的车辆进出规律，合理开启通风换气机。在保证车库内空气质量的前提下，优化车库通风设备的运行，避免换气机常开。有条件的车库，建议安装自动气体监测传感系统，随时调整通风机的开闭与排风速率。

17. 选用节能空调

在办公楼改造过程中，应以全新的节能空调代替陈旧的空调，如考虑使用热回收型冷气机或热泵机组，在提供冷气的同时，可利用回收的废热将热水加热，大幅提高能源利用效率。

18. 下班前，提前半小时关闭空调

下班前，提前半小时关闭空调，办公室内的温度将持续一段时间，不会影响室内人员工作，可节约空调在这段时间运行的能耗。

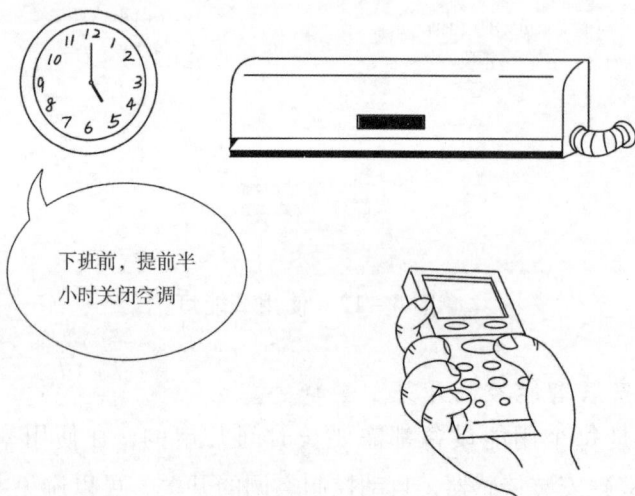

图 6 - 13　下班前，提前半小时关闭空调

19. 空调不用时关闭电源

在空调不用的时候，选择干燥的晴天，将空调功能键先在"送风状态"下运转一定时间，让空调器内部湿气散发干，然后关掉空调，拔出电源插头。取出遥控器的电池另置一处，以免电池渗漏腐蚀内部元件。遥控器必须放在干燥的地方，切勿挤压，以免损坏。

20. 调低洗手热水温度

将办公楼洗手热水温度设定在 45℃ 以下更为经济节能。降低热水的温度一方面可以减少加热所需的能量，另一方面可以减少热水传输中的热损失。

21. 能耗计量收费

为鼓励生活小区的节能环保，业主在聘用物业管理公司时可对其提出节能目标要求，配以奖惩措施来鼓励大家主动节能。业主或物业管理公司对承租者能源消耗尽量采用计量收费，有条件的楼宇可以安装冷（热）量表对空调使用实现计量收费，改变供热计量按面积收费的方式，实行分户计量，按热量收费。

22. 加强节能宣传

向承租人征求节能合理化建议，利用公告栏、电子屏、微信、QQ等渠道宣传节能方法、节能措施和奖惩制度，提高承租人的节能意识和能力。

七、 低碳娱乐

（一）低碳视听娱乐

1. VCD/DVD 不用时应拔掉电源插头

VCD/DVD 不看时应拔掉电源插头，因为此时电源的指示灯还亮着，会浪费部分电能。虽然功率不大，但由于持续的时间一般较长，所以浪费的电能也不少。

2. VCD/DVD 音量应适中

VCD/DVD 音量过大，用电会增多。声音适中即可，既省电，又能

减少噪音，不会干扰邻居，对自身的影响也较小。

3. 给 VCD/DVD 加盖防尘罩

VCD/DVD 等电子产品由于电流效应，容易吸纳灰尘，最好加盖防尘罩，这样可防止 VCD/DVD 吸进灰尘。因为灰尘多了不仅会影响电器的美观，而且容易造成漏电；不仅增加电耗，还会影响音质和电器的使用寿命，严重时会造成事故。

4. 避免频繁使用相机闪光灯

闪光灯在充放电过程中会消耗大量的电能，而普通白天的光源强度对于一般的数码相机来说是足够的。所以，应避免频繁使用闪光灯，尽量选用光圈优先模式。

5. 适当关闭相机液晶屏

液晶屏是数码相机最耗电的部件，如果在电量不多的情况下，可以关闭液晶屏，用取景器来调整画面构图。一部数码相机，在关闭液晶屏后，电池可使用的时间是原来时间的 3 倍左右。

6. 少用连拍和动态短片拍摄功能

尽量少用连拍功能和动态影像短片拍摄功能，因为这些功能的完成是利用机身内置的缓存来暂时保存所拍画面，所耗电量较多。

7. MP4 谨慎开启音效及均衡器

音效对播放时间的影响很小，如果觉得自己的耳机不合适，可以使用音效模式或均衡器进行调整。如果大家对自己的耳机很适应，就没有必要开启音效模式和均衡器，从而更加省电。

8. MP4 缩短背光时间

背光时间定在 10 秒左右比较适合，开的时间太长用处不大，只要看清楚所需要的信息即可，这样也可以节电。如果外出郊游，光线良好，可以直接设置关闭背景光。

9. 养成良好的使用 MP4 习惯

暂时不听 MP4 时，别忘记按停止播放按钮。当 MP4 播放器支持自动关机功能时，一定要打开这个实用的功能。

10. 及时锁定 MP4 播放键

MP4 播放器在使用过程中应及时锁定播放键，避免无意按压开机，

浪费电量。

11. 生产音像制品

CD、VCD、DVD 等音像制品的主要材料是聚碳酸酯，生产一张碟片约排放二氧化碳 50 克。

12. KTV

到 KTV 唱歌是老少皆宜的休闲娱乐方式，其二氧化碳排放来自功放机、麦克风、灯光等，其中以功放机造成的碳排放为主。若连续使用一间 KTV 包间 4 小时，则排放二氧化碳 3.5 千克以上。去 KTV 唱歌时，应选择大小合适的包间，因为人数不多时选择大包间，将造成不必要的二氧化碳排放。

图 6 - 14　KTV 唱歌尽量注意低碳娱乐

13. 低碳享受视听娱乐

电影院放映厅面积越大，碳排放量越大，因此应选择人数较多的影厅，更应避免出现"独自包场"的局面，以减少二氧化碳排放。如果选择网络下载观看或者购买影碟在家观看，那么二氧化碳的排放量远远少于直接去电影院观看。

由于 DVD 碟片的容量比 VCD 大很多，相当于减少了生产碟片的材

料及其产生的碳排放量，因此，家庭影院的爱好者可优先考虑购买DVD 碟片。

（二）低碳健身

1. 健身活动

许多人喜欢用健身器材代替户外健身，但是健身器材大多需要电力驱动，相应会产生大量的二氧化碳，如跑步机使用一小时平均产生的二氧化碳排放量约为1.8 千克。所以，应尽量选择户外健身，不仅可以减少二氧化碳的排放，还可以亲近自然，呼吸新鲜空气。

2. 外出旅游

随着人们生活水平的提高、闲暇时间的增多，旅游越来越成为广大市民的重要休闲方式。旅游过程中二氧化碳的排放量也十分大。由于旅游是吃、住、行、游、购、娱的集合体，因此，外出旅游的碳排放体现在衣、食、住、行等方面，这些方面的碳排放情况可以参考本书前面的介绍。

3. 选择低碳健身方式

尽量选择低能耗、低排放的健身方式，如慢走、跳舞、打拳、郊游等；将在电动跑步机上的锻炼改为到附近公园慢跑，定期去郊外爬山等。

图 6 - 15   低碳健身

4. 低碳旅游

旅游中的活动多种多样，处处可以体现低碳生活方式，举例如下：

（1）中短途旅游可选择汽车、火车，如果离家不远，还可以选择公共交通甚至自行车。

（2）乘坐飞机旅游时，尽量选择经济舱。

（3）在旅游的过程中自备水壶和碗筷。

（4）入住宾馆或者酒店时，使用自己携带的洗漱用品，减少一次性浴液、香皂等物品的消耗，减少床单等的更换次数。

图 6 - 16　低碳旅游

5. 节能健身产品

大部分的健身过程是消耗人体自身能量的过程，健身节能产品将运动产生的机械能转化为电能，健身的同时生产清洁环保的能量。例如健身发电车，健身发电车不仅不需要电，而且还能发电，可边健身边看电视，从而避免使用外接电源造成的浪费。

6. 合理安排开车购物

每辆车每行驶一公里要排放约 0.18 千克二氧化碳，因此，频繁开车去超市购物，也会加大二氧化碳的排放量。开车外出购物前，预先制订购物计划，尽可能一次购足，并提前安排好行车路线。如此既能减少

行车次数，又能减少不必要的行车里程，从而减少碳排放量。上班族可以选择在下班回家的途中购物，不仅省时，还减少了专门外出购物可能带来的二氧化碳排放。

7. 选择低碳商品

（1）购买本地产品，能减少外地产品，特别是从国外空运或海运的产品在运输中产生的二氧化碳排放。

（2）购物时要考虑到产品使用中的二氧化碳排放情况，如在选购电子产品时，尽量选择功率小的产品或者节能产品。

第七章　生活中可再生能源的应用

一、 认识可再生能源

（一）能源及其分类

1. 什么是能源

能源，即向自然界提供能量转化的物质。能量和物质是构成客观世界的基础。世界由物质构成，运动是物质存在的方式，能量则是物质运动的度量。目前，人类所认识的主要能量形式包括：机械能、热能、电能、辐射能、化学能及核能。

能源是指能提供能量的自然资源，即能够直接或经转换而提供人们所需要的电能、热能、机械能等。能源资源是指已探明或估计的自然赋存的富集能源。已探明或估计可经济开采的能源资源称为能源储量。各种可利用的能源资源包括煤炭、石油、天然气、水、风、核、太阳、地热、海洋、生物质等。

能量，也就是产生某种效果（变化）的能力。能量的需要在现代社会中随处可见。高炉融化铁矿石，平炉把生铁炼成钢，都利用了巨大的热能；飞机在蓝天上翱翔，轮船在海上航行，火车在铁轨上行驶，汽车在公路上奔驰，这些都需要充足的机械能；电脑工作，电冰箱制冷，洗衣机运转，电视机显像，也需要连续不断的电能。

2. 能源的分类

能源有多种分类方法，从能源能否再生来分，能源分为可再生能源和不可再生能源。可再生能源，是指不会随其本身的转化或人类的利用而越来越少的能源，如太阳能、风能、生物质能、地热能、水能（含海洋能）等。不可再生能源，是指随着人类的利用而越来越少的能源，如石油、煤、天然气及核燃料等。

从对环境有无造成污染情况来分，能源可分为清洁能源（又称绿色能源）和非清洁能源。清洁能源，即对环境无污染或污染很小的能源，如太阳能、水能、风能、氢能、海洋能等。非清洁能源，即对环境污染较大的能源，如煤炭、石油等。

从获得能源的方法来分，能源可分为一次能源和二次能源。一次能源，是指可供直接利用的能源，如煤、石油、天然气、风能、水能等。二次能源，是指由一次能源直接或间接转换而来的能源，如电、蒸汽、焦炭、煤气、氢等，这些能源使用方便，是高品质的能源。

从能源本身的性质来分，能源可分为含能体能源（燃料能源）和过程性能源（非燃料能源）。含能体能源，如石油、煤炭、天然气、地热能、氢等，这些能源可以直接储存。过程性能源，如太阳能、风能、水能、海流能、潮汐能、波浪能和一般热能等，这些能源无法直接储存。

从现阶段能源被利用的成熟程度来分，能源分为常规能源和新能源。常规能源是指技术比较成熟且已被大规模利用的能源，如煤炭、石油、天然气、薪柴燃料、水能等。新能源是指尚未大规模利用，正在积极研究开发的能源，如太阳能、风能、生物质能、地热能、潮汐能、可燃冰、聚变核能等。

（二）可再生能源分类

可再生能源是指在自然界中可以不断再生、永续利用、取之不尽、用之不竭的资源，它对环境无害或危害极小，而且分布广泛，适宜就地开发利用。

可再生能源主要包括以下形式。

1. 太阳能

太阳能是指地球接收到的太阳辐射能，为阳光照射到地面的辐射总量，包括太阳的直接辐射和天空散射辐射能量的总和。

按照目前太阳质量消耗的速率计算，太阳内部的热核反应足以维持600亿年，这对于人类发展历史的有限年代而言，可以说是"取之不尽，用之不竭"的能源。太阳能的转换和利用技术主要有太阳能光热转换和太阳能光电转换。前者是将太阳能转换为热能加以利用，如太阳能热水系统、太阳能制冷与空调、太阳能采暖、太阳能干燥系统等；太阳能光电转换，即太阳能光伏发电，包括半导体太阳能电池和光化学电池等。

2. 风能

风能指风所负载的能量。风能源于太阳能，由于太阳辐射造成地球各部分受热不均匀，引起各地温差和气压不同，导致空气运动而产生能量。利用风力机械可将风能转换成电能、机械能和热能等。风能利用的主要形式有风力发电，如海上风力发电、小型风机系统、风力提水、风力致热以及风帆助航等。我国北方地区和东南沿海地区一些岛屿，风能资源丰富。我国陆地可开发利用的风能资源为 2.53 亿千瓦，海上可开发利用的风能资源总量为 7.5 亿千瓦。

3. 生物质能

生物质能是指蕴藏在生物质中的能量，是绿色植物通过光合作用将太阳能转化为化学能而储存在生物质内部的能量。有机物中除矿物燃料以外的所有源于动植物的能源物质均属于生物质能，通常包括木材及森林废弃物、农业废弃物、水生植物、油料植物、城市和工业有机废弃物、动物粪便等。生物质能开发利用技术有生物质气体技术、生物质成型技术、生物质液化技术等。

4. 地热能

地热能是来自地球内部的能量，指地壳内能够科学、合理地开发出来的岩石中的热量和地热流体中的热量。不同品质的地热能可用于不同目的。地热能的利用方式主要有地热发电和地热直接利用，如地热采暖、供热等。根据测算，全球潜在的地热资源总量相当于每年 493 亿吨标准煤。

5. 海洋能

海洋能是指蕴藏在海洋中的可再生能源，包括潮汐能、波浪能、潮流能、海流能、海水温差能和海水盐差能等能源形式。海洋能按其储存的能量形式可分为机械能、热能和化学能。潮汐能、波浪能、海流能、潮流能为机械能；海水温差能为热能；海水盐差能为化学能。海洋能利用技术可转换为电能或机械能。

6. 水能

水能是一种绿色可再生能源，是指水体的动能、势能和压力能等能量资源。利用水流动的能量发电，称为水电。水能主要用于水力发电。水力发电是将水的势能和动能转换成电能。以水力发电的工厂称为水力发电厂，简称水电站。水力发电的优点是成本低、可连续再生、无污染。缺点是分布受水文、气候、地貌等自然条件的限制大，容易被地形、气候等多方面的因素所影响。小水电是指总装机容量小于或等于5万千瓦的水电站。

| 太阳能 | 水能 | 风能 | 氢能 |

新能源

| 核能 | 潮汐能 | 地热能 | 生物质能 |

图 7 – 1　新能源

二、　太阳能

（一）太阳能光热转换的利用

1. 太阳能热水器

（1）太阳能热水器及其结构。

太阳能热水器是将太阳光能转化为热能的装置，将水从低温加热到高温，以满足人们在生产生活中的热水需要。太阳能热水器由太阳集热器、保温水箱、支承架三大部件组成。太阳能热水器按结构形式分为真

空管式太阳能热水器和平板式太阳能热水器，目前市场上以真空管式太阳能热水器为主。真空管式家用太阳能热水器通常由太阳能集热器、储水箱、管道及抽水泵等部件组成，它将太阳能转换成热能主要依靠集热器，集热器利用热水上浮、冷水下沉的原理，使水产生微循环而得到所需热水。

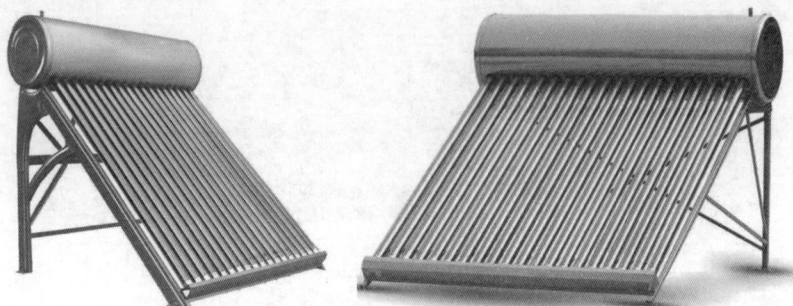

图 7-2　家用真空管式太阳能热水器

图 7-3　平板式太阳能热水器

　　另外，在冬天需要热交换器和膨胀槽以及发电装置以备电厂不能供电之需。太阳能集热器在太阳能集热系统中，是接受太阳辐射并向传热工质传递热量的装置。集热器按传热工质可分为液体集热器和空气集热器；按采光方式可分为聚光型集热器和吸热型集热器两种。

　　（2）太阳能热水器分类。

　　太阳能热水器按照流体流动的方式，可分为三种：闷晒式太阳能热水器、直流式太阳能热水器和循环式（整体式）太阳能热水器，其中后两种较为常见。

直流式包括由平板集热器、储热水箱、补给水箱和连接管道组成的开放式热虹吸系统。补给冷水直接进入集热器，补给水箱的水位和集热器出口热水管的最高位置一致，在集热器出口设置有温度控制器，可控制出口水温。

循环式太阳能热水器的特点是集热器和储水箱为一体，高效适用，核心集热元件是全玻璃真空集热管，一般由两根同心圆高硼硅特硬玻璃管组成，经过镀膜，玻璃管外壁镀上多层耐高温材料，可经受400℃的高温，同时该涂层对太阳光有选择性吸收，一般其吸收比≥0.92，发射率≤0.09（80℃）。该热水器全玻璃真空管抗冷热冲击，耐高压，可抗较大的意外冲击力，管内不易积垢；节能环保，无污染，有效保护环境；节约能源，日常使用费用极低；可全天候供应热水，供热水量大；可多台串联或并联使用，适用区域广；热水器整体结构简单，价格低廉，适合家用。

根据集热器的不同，目前在市场上占主导地位的太阳能热水器主要有平板型和真空管型两种。

太阳能集热器是太阳能热利用中的关键设备，是把太阳辐射能转换成热能的设备。太阳能集热器是一种特殊的热交换器，它吸收太阳辐射能量后温度升高，热量能很快传递给流体通道中的水等热交换工质，并通过保温措施减少热损失，使进去的能量多于表面散失的能量，从而提高温度。

太阳能集热器按是否聚光这一主要特征可以分为非聚光和聚光两大类。平板集热器是非聚光类集热器中最简单且应用最广的集热器。它吸收太阳辐射的面积与采集太阳辐射的面积相等，能利用太阳的直射和漫射辐射。

集热器将吸收的太阳光能转化为热能，使集热器中的水不断加热。由于热虹吸作用，即冷水的比重较大，热水的比重较小，因而集热器中的热水自然不断地往上浮，进入水箱，水箱中的冷水自然不断地往下

沉，进入集热器。周而复始，太阳热水器保温水箱中的水也就被加热了。

按照中国家庭的生活方式，每个家庭安装 2 平方米采光面的太阳能热水器，就可以满足全家生活 70% 的热水需要。冬天天气寒冷，家庭一般使用热水洗菜、洗碗。烧水方式包括电力烧水、天然气烧水和太阳能烧水等。使用太阳能热水器节能、环保，而且寿命长。一平方米的太阳能热水器一年可减少 308 千克二氧化碳排放。

图 7 - 4　工业锅炉太阳能热水设备

目前，太阳能热水设备已经应用到工业生产上，如图 7 - 4 所示，大规模预热进入锅炉的水，可以大大降低锅炉煤耗，减排二氧化碳。

2. 太阳能制冷

太阳能制冷是目前制冷技术领域研究的热点。由于太阳能属于低密度能源，太阳能制冷技术除了遵循常规能源驱动的制冷装置的原则，它还有自身的特性。太阳能制冷主要有两类：①直接以太阳热能作为驱动能源，包括吸收式制冷、吸附式制冷和喷射式制冷等；②先将太阳能转化为机械能或电能，再进行制冷，包括压缩式制冷、光电制冷和热电制冷等。

目前常见的太阳能制冷技术主要有太阳能吸收式制冷、吸附式制冷、喷射式制冷和驱动压缩式制冷等。

（1）太阳能吸收式制冷。

太阳能吸收式制冷是由太阳能集热器和吸收式制冷机两大部件联合构成，利用太阳集热器为吸收式制冷机提供其发生器所需要的热水进行制冷。

太阳能空调就是利用了太阳能吸收式制冷。太阳能空调从太阳能系统和制冷热源温度的高低来分，可分为三种类型：高温型（95℃～120℃）、中温型（88℃～95℃）和低温型（65℃～88℃）。从集热器方面看，高温型的太阳能空调系统需要聚光型太阳能集热器，造价高，但制冷系数高，效果好；中、低温型太阳能空调系统采用常规的太阳能集热器，造价低，制冷系数偏低，效果稍差。从系统方面看，高温型采用水作为介质，系统处于受压状态，会产生一些问题，如压力容器问题、储热问题。中、低温型则不存在这些问题。

（2）太阳能吸附式制冷。

太阳能吸附式制冷实际上是利用物质的物态变化达到制冷的目的。太阳能吸附式制冷系统主要由太阳能吸附集热器、冷凝器、蒸发储液器、风机盘管、冷媒水泵等部分组成。太阳能吸附式制冷技术的原理包括吸附和脱附两个过程。太阳能吸附式制冷系统结构简单，投资少，运行费用低，使用寿命长，无噪声，无环境污染，可用于存在振动、倾斜或旋转的场所。

（3）太阳能喷射式制冷。

太阳能喷射式制冷系统分为太阳能集热系统和喷射制冷循环系统两大部分，由太阳能集热器、发生器、循环泵、蒸汽喷射器、蒸发器、冷凝器及膨胀阀组成。循环泵是唯一运动的部件，结构简单，造价低廉，性能系数 COP 低是其主要缺点，COP 与吸收式制冷系统相当。

（4）太阳能驱动压缩式制冷。

太阳能驱动压缩式制冷实际上是采用太阳能热机驱动普通制冷系统的压缩机和膨胀机。由于需要采用高温旋转抛物面聚光镜，技术要求较高，目前还处于研究开发阶段。

3. 太阳能热泵

热泵的作用是从周围环境中吸取热量，并把它传递给被加热的对象（温度要求较高的物体，如房间），其工作原理与制冷机相同，所不同的只是工作温度范围不一样。太阳能热泵一般是把热泵技术和太阳能热

利用技术有机地结合起来，集热器吸收的热量作为热泵的低温热源，可同时提高太阳能集热器效率和热泵系统性能。在阴雨天，直膨式太阳能热泵转变为空气源热泵，非直膨式太阳能热泵作为加热系统的辅助热源。因此，太阳能热泵可全天候工作，提供热水或热量。

4. 太阳能供暖

太阳能供暖是直接利用太阳能来采暖。太阳能供暖可以分为主动式太阳能供暖和被动式太阳能供暖两大类。主动式太阳能供暖是利用太阳能集热器和相应的蓄热装置作为热源来代替常规热水或热风采暖系统中的锅炉供暖。被动式太阳能供暖是依靠建筑物结构本身充分利用太阳能来达到采暖的目的，因此它又称为被动式太阳房。

太阳房是直接利用太阳辐射能技术的体现。太阳房是把房屋看作一个集热器，通过建筑设计把高效隔热材料、透光材料、储能材料等有机地集合在一起，使房屋尽可能多地接收并保存太阳能，达到房屋采暖目的。按照国际上惯用的名称，太阳房分为主动式太阳房和被动式太阳房两类。

（1）主动式太阳房。

主动式太阳房一般由集热器、传热流体、蓄热器、控制系统及适当的辅助能源系统构成。它需要热交换器、水泵和风机等设备，电源也是不可缺少的，因此这种太阳房的造价较高，但是室温能主动控制，使用适宜。目前，在一些经济发达的国家，已建有不少各种类型的主动式太阳房。

（2）被动式太阳房。

被动式太阳房主要根据当地气候条件，把房屋建造得尽量利用太阳的直接辐射能，它不需要安装复杂的太阳能集热器，更不用循环动力设备，完全依靠建筑结构形成的吸热、隔热、保温、通风特性，来达到冬暖夏凉的目的。在冬季遇上连续坏天气时，要采用一些辅助能源补助。正常情况下，早、中、晚室内气温差别很大。对于采暖要求不高的用户，特别是原来没有采暖条件的农村地区，由于它简易可行，造价不高，深受人们欢迎。我国从 20 世纪 70 年代末开始这种太阳房的研制，现已有较大规模的推广，京、津、冀、内蒙古、辽、甘、青、藏等地，均先后建起了一批被动式太阳房，且各种标准设计日益完善，并开展了国际交流与合作活动，受到了联合国太阳能专家的好评。

5. 太阳能干燥

太阳能干燥，就是利用太阳能干燥设备，对工业及农副产品进行干燥。它使被干燥的物料直接吸收太阳能并将它转换为热能，或者通过太阳集热器加热的空气进行对流换热而获得热能，继而再经过物料表面与物料内部之间的传热、传质过程，使物料中的水分逐步汽化并扩散到空气中去，最终达到干燥的目的。

太阳能干燥不但可以节约燃料，有效地提高干燥的温度，缩短干燥时间，而且由于采用了专门的干燥室，也解决了干燥物品被污染等问题，必要时还可采用杀虫灭菌措施，这样既可提高产品质量，又可延长产品贮存时间。如图 7－5 所示，该系统为福建云霄太阳能高温热泵烟叶烘干除湿干燥系统。

图 7－5　福建云霄太阳能高温热泵烟叶烘干除湿干燥系统

6. 太阳能海水淡化

地球上的水资源，海水占 97%，随着人口的增加，工业的发展，

城市用水日趋紧张，因此，海水淡化越来越受重视。世界上第一座太阳能海水蒸馏器由瑞典工程师威尔逊设计，1872 年在智利建成，面积为44 504 平方米，日产淡水 17.7 吨。

目前利用太阳能进行海水淡化主要是利用太阳能进行蒸馏，所以太阳能海水淡化装置一般称为太阳能蒸馏器。太阳能蒸馏器的运行原理是利用太阳能产生热能驱动海水发生相变的过程，即产生蒸发与冷凝。运行方式一般可分为直接法和间接法两类。顾名思义，直接法系统就是直接利用太阳能在集热器中进行蒸馏，而间接法系统中的太阳能集热器与海水蒸馏部分是分离的。

太阳能海水淡化系统可独立运行，不受蒸汽、电力等条件限制，无污染、低能耗，运行安全，稳定可靠，不消耗石油、天然气、煤炭等常规能源，对能源紧缺、环保要求高的地区有较大应用价值。同时该系统生产规模可有机组合，适应性好，投资相对较少，产水成本低，具备淡水供应市场的竞争力。

图 7 - 6　太阳能海水淡化工厂

7. 太阳灶

太阳灶是利用太阳能辐射，通过聚光获取热量，烹饪食物的一种装置。太阳灶可分为箱式太阳灶、平板式太阳灶、聚光式太阳灶，室内太阳灶、储能太阳灶。前三种太阳灶均在阳光下进行炊事操作。太阳灶不烧任何燃料，没有任何污染，正常使用时烹饪时间比用蜂窝煤炉还要快，和使用煤气灶差不多。

聚光式太阳灶　　　　　原理图（F为焦点，温度较高）

图7-7　聚光式太阳灶

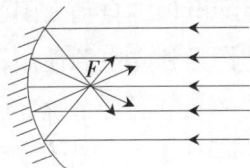

（二）太阳能光伏发电的利用

1. 太阳能电池

太阳能光伏发电的基本原理就是"光生伏特效应"，简称"光伏效应"，就是当物体受到光照时，物体内的电荷分布状态发生变化而产生电动势（即电压）和电流的一种效应。

太阳能电池，通常称为光伏电池，是完成光伏发电的关键。常用太阳能电池按其材料可以分为晶体硅电池、硫化镉电池、硫化锑电池、砷化镓电池、非晶硅电池、硒铟铜电池等。目前市场上主要的太阳能电池是晶体硅太阳能电池，用的硅是提纯硅，一般其纯度达到"9个9"，即99.999 999 9%，比半导体硅即芯片硅只少"两个9"。又因提纯硅结晶后里面的成分结构不同，晶体硅又分为单晶硅和多晶硅。目前，单晶硅太阳能电池的光电转换率为15%左右，最高可达到24%；多晶硅太阳能电池的转换率为12%左右，但价格相对便宜，太阳能电池使用寿命一般可达15年，最高可达25年。

太阳能电池重量轻，单位质量输出功率大，既可做小型电源，又可组合成大型电站。简单的光伏电池可为手表及计算机提供能源，较复杂的光伏系统可为房屋照明，并为电网供电。光伏电池组件可以制成不同形状，而组件又可连接，以产生更多电力。目前其应用范围已从航天领域走向各行各业、千家万户，如太阳能自行车、太阳能汽车、太阳能游

艇、太阳能飞机等都已相继问世。

2. 太阳能光伏发电

太阳能光伏系统是由太阳能电池方阵、蓄电池组、充放电控制器、逆变器、交流配电柜、自动太阳能组件除尘系统等设备组成。太阳能光伏发电适用于作为独立电源使用，也可以同其他发电系统组成混合供电系统，如风电—光电混合系统、风电—光电—柴油发电混合系统等，而最有发展前景的是太阳能光伏发电系统与电网相连，构成联网发电系统。联网发电系统是将太阳能电池发出的直流电通过并网逆变器输入电网，这一系统又可分为被动式联网发电系统和主动式联网发电系统。被动式联网发电系统不带储能系统，输入电网的电力完全取决于日照的情况，不可调度；主动式联网发电系统带有储能系统，可根据需要将光伏发电系统随时并入或退出电网。

（1）太阳能发电系统组成。

太阳能发电系统由太阳能电池组、太阳能控制器、蓄电池（组）组成。如输出电源为交流电压 220 伏或 110 伏，还需要配置逆变器。

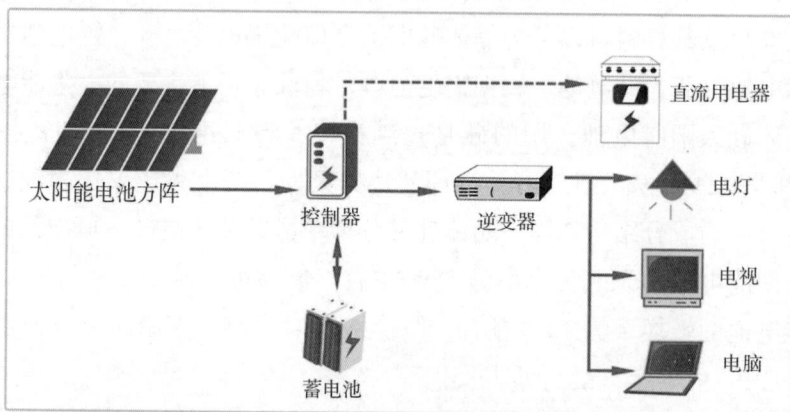

图 7 - 8   太阳能发电系统运行原理

太阳能电池整列

电磁炉　电饭煲

太阳能控制器

逆变器

电视机　电脑

洗衣机　节能灯

茶水壶

24V

蓄电池

空调　冰箱

太阳能组件

风扇

电视

太阳能发电一体机

电脑

蓄电池

LED灯

手机

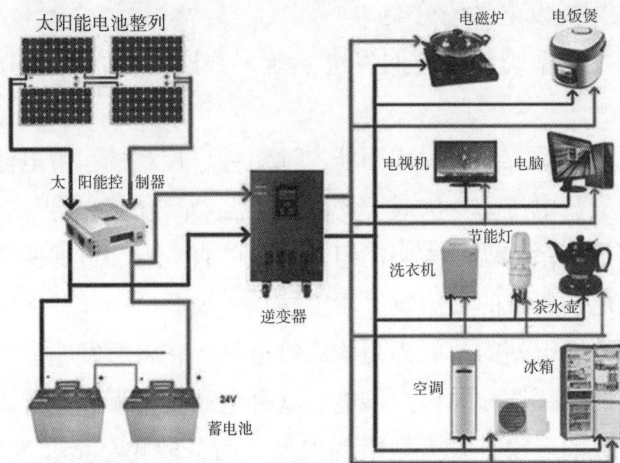

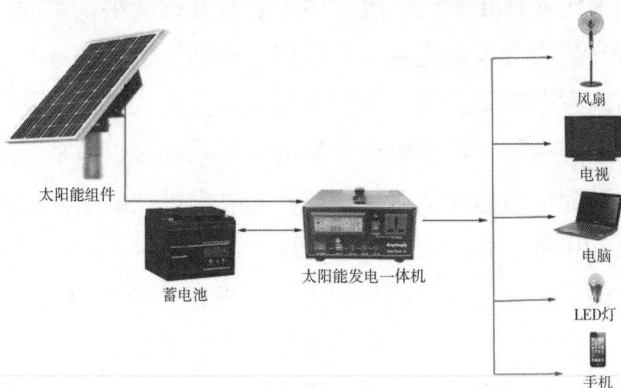

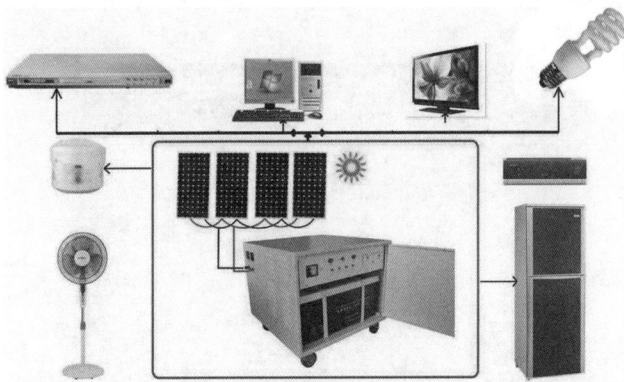

图 7-9　太阳能发电系统应用于家用电器

（2）太阳能发电系统分类。

太阳能发电系统分为离网发电系统、并网发电系统及分布式发电系统。

①离网发电系统主要由太阳能电池组件、控制器、蓄电池组成，如输出电源为交流电压220伏或110伏，还需要配置逆变器。

②并网发电系统就是太阳能组件产生的直流电经过并网逆变器转换成符合市电电网要求的交流电之后直接接入公共电网。并网发电系统有集中式大型并网电站的一般都是国家级电站，它将所发电能直接输送到电网，由电网统一调配向用户供电。这种电站投资大、建设周期长、占地面积大，目前还没有太大规模的发展。而分散式小型并网发电系统，特别是光伏建筑一体化发电系统，由于它具有投资小、建设快、占地面积小、政策支持力度大等优点，现已成为并网发电的主流。

③分布式发电系统，又称分散式发电或分布式供能，是指在用户现场或靠近用电现场配置较小的光伏发电供电系统，以满足特定用户的需求，支持现存配电网的经济运行，或者同时满足这两个方面的要求。

如图7-10所示的太阳灶就是利用太阳能辐射，通过聚光获得热量来烹饪食物的一种装置。目前我国太阳灶的推广应用地区主要在甘肃、青海、宁夏、西藏、四川、云南等地。太阳灶在无电、无燃气的边远地区，用途很大，但遇到阴雨天便无法使用。

图7-10　反射式太阳灶

西班牙吉马太阳能发电站，如图 7 - 11 所示，该太阳能发电站由 2 650 块镜面面板组成，整体呈规则的圆形图案，占地 185 万平方米，镜面面板为日光反射装置（即定日镜），可以将照射到该地区的 95% 以上的太阳辐射能聚焦到电站中心的一个巨型接收器中，将熔盐加热到 900℃ 高温，转而加热水产生蒸汽为发电涡轮机提供动力。存储于这些熔盐池中的热量持续释放时间可达 15 小时以上，从而在夜间或没有阳光的情况下也可以保证电站正常发电，该电站预计年发电量为 1.1 亿千瓦时。

图 7 - 11　西班牙吉马太阳能发电站

（三）太阳能热发电

1. 太阳能热发电简介

太阳能热发电，也称聚焦型太阳能热发电，它是利用太阳辐射聚光装置（集热器，聚光接收器，也称太阳能锅炉），把搜集到的太阳辐射能输送到接收器加热工作介质（通常是水），产生热蒸汽，驱动汽轮机发电，太阳热能发电系统包括集热系统、热传输系统、蓄热与热交换系统及汽轮机发电系统。

太阳能热发电分为两种类型：第一种是太阳能热动力发电，即利用集热器将太阳能聚集起来，加热水或其他介质，产生蒸汽或热气流，推动涡轮发电机发电。另一种是将热电直接转换为电能的装置，用聚集的太阳能直接发电，如温差发电和磁流体发电等。目前太阳能热发电技术主要指的是前一种。

2. 太阳能热发电系统类型

太阳能集热吸收器是太阳能热发电中的关键设备，它吸收太阳辐射热能而抑制热量向外扩散，其作用相当于火力发电站中的锅炉。太阳能

热发电的集热吸收器主要有真空管吸收器和腔体式吸收器。根据太阳能热动力发电系统中所采用的集热系统中的聚光接收器的不同形式，该系统可以分为集中型和分散型两大类。

（1）集中型发电系统。

集中型太阳能热发电系统有塔式太阳能热发电系统和太阳能烟囱发电系统。

①塔式太阳能热发电系统。

其基本形式是利用独立跟踪太阳的反射镜群，将阳光反射到位于场地中心附近的高塔顶端的接收器，用以产生高温，加热工作介质产生过热蒸汽或高温气体，驱动汽轮机发电机组或燃气轮机发电机组发电，从而将太阳能转换为电能。

为了降低塔式太阳能热动力系统的投资，人们还发明了一种太阳坑发电技术。它是在地面挖一个球形大坑，坑壁贴上许多小反射镜，使大坑成为一个巨大的凹面半球镜，将太阳能聚焦到接收器，以获得高温蒸汽。

②太阳能烟囱发电系统。

太阳能烟囱发电系统由太阳能集热棚、太阳能烟囱和涡轮发电机三个部分组成。太阳能集热棚建在一大片太阳辐射强、绝热性能好的土地上，在其中心建一高大的烟囱，烟囱底部装有风力透平机。透明玻璃盖板下被太阳加热的空气通过烟囱被抽走，驱动风力透平机发电。

利用太阳能烟囱发电有如下优点：①设备简单，运行费用低。②适合建在人口稀少的沙漠地区。我国是太阳能资源最丰富的国家之一，西藏、青海、新疆、甘肃、宁夏、内蒙古等地区的太阳总辐射量和日照时数为全国最高，是太阳能资源丰富的地区。这些地区人口稀少，而且荒漠面积较大，适于建造太阳能烟囱发电站。③不产生有害物。有研究表明，太阳能烟囱发电站在运行过程中，既没有二氧化硫等有害气体排出，也没有温室气体二氧化碳排出，同时也没有固体废弃物排出，因而不影响生态环境。

（2）分散型发电系统。

分散型发电系统是将抛物面聚光器配置成很多组，然后把这些集热器串联或并联起来，以满足所需的供热温度。分散型发电系统主要有两种形式：槽式聚焦太阳能热发电系统和碟式太阳能热发电系统。

图 7 - 12　槽式聚焦太阳能热发电

图 7 - 13　我国首台 10 千瓦碟式太阳能发电装置

（四）太阳能特点

1. 太阳能的优点

（1）太阳能能量巨大，取之不尽，用之不竭。每年到达地球表面的太阳辐射能约相当于130 万亿吨煤，其总量属当今世界可以开发的最大能源。此外，太阳能发电安全可靠，不会遭受能源危机或燃料市场不稳定的冲击。

（2）太阳能可直接开发和利用，便于采集，且无须运输，可就近供电，避免长距离输电线路的损失。

（3）太阳能发电无运动部件，不易损坏，维护简单，特别适合于无人值守情况下使用。

（4）太阳能发电不会产生任何废弃物，没有污染、噪声等公害，对环境无不良影响，是理想的清洁能源。

（5）太阳能发电系统建设周期短，方便灵活，而且可以根据负荷的增减，任意添加或减少太阳能方阵容量，避免浪费。

2. 太阳能的缺点

（1）太阳能具有分散性、间歇性和随机性，而且能量密度较低。太阳能发电量与气候条件有关，在晚上或阴雨天就不能发电或发电量很少。太阳辐射到地面的总量很大，但能流密度很低。北回归线附近，夏季在天气较为晴朗情况下，正午太阳辐射的辐照度最大，地面接收到的太阳辐射强度为 1 000 瓦/平方米。若按全年日夜平均，则只有 200 瓦左右。而在冬季大致只有一半，阴天只有 1 / 5 左右，能流密度很低。大规格使用太阳能时，需要较大面积的收集和转换设备，占用面积较大，造价较高。

（2）太阳能具有不稳定性。由于昼夜、季节、纬度和海拔等条件限制及晴、阴、云、雨等因素影响，到达某地的太阳辐照度可能间断，也不稳定，这给太阳能大规模应用增加了难度。这就需要很好地解决蓄能问题，即尽可能把晴天时的太阳辐射能贮存起来，以供夜间或阴雨天使用，但蓄能问题的解决也是太阳能利用较为薄弱的环节。

（3）太阳能利用效率低，成本高。太阳能利用有些是在理论上可行，技术上也成熟，但利用装置效率偏低。目前实验室的利用效率不超过 30%，总体还不能与常规能源竞争。另外，太阳能的利用成本为常规发电的 3 ~ 15 倍，初始投资高。今后太阳能利用的发展，主要也是受到费用高的制约。

（4）太阳能板污染问题难以解决。现阶段，太阳能板有一定的寿命，最多 5 年就需要换一次，而换下来的太阳能板非常难被大自然分解，从而造成相当大的环境污染。

（五）太阳能的更多应用

在日常生活中，太阳能的应用主要为家庭用小型太阳能电站、大型并网电站、建筑一体化光伏玻璃幕墙、太阳能路灯、风光互补路灯、风光互补供电系统等。

1. 太阳能建筑

（1）芝加哥太阳能大厦。

芝加哥太阳能大厦几乎全部被太阳能电池板所覆盖，它们就像向日

葵追随太阳的移动一样。这些太阳能电池板经过设计者的精心安置、设计，为建筑遮阳的同时不会影响人们的视野。

图 7-14 芝加哥太阳能大厦

（2）弗莱堡太阳能城市。

这座城市民居建筑的屋顶是由设置角度完美的光伏板构成，同时这些屋顶也是一个巨大的遮阳伞，即使日照非常强烈，住在民居里面的居民也能享受到凉爽的室温。

图 7-15 弗莱堡太阳能城市

（3）里约热内卢太阳城大厦。

这座惊人的太阳能大厦是专门为2016年里约热内卢奥运会设计的，建在一座岛上，成为里约热内卢的标志性建筑。它代表里约热内卢为打造史上第一届"零碳奥运"所做出的努力。

图7-16　太阳城大厦

（4）迪拜垂直村落。

迪拜以其建筑的怪异而闻名于世，格拉夫特建筑事务所的建筑师建造了这座垂直村落。垂直村落设计的精髓在于，它在最大限度获得太阳能的同时还能保持建筑物室内的凉爽。

图7-17　迪拜垂直村落

（5）高雄体育馆。

体育馆通常都因其消耗大量的能量，常被当作可持续建筑的反面例证。然而，台湾的这座龙骨形体育馆是一个例外，它所用的电能100%由外侧的太阳能电池板提供。这座体育馆外侧的太阳能电池板可为3 300个照明灯和2个巨型显示屏供电。

图7－18　高雄体育馆

（6）孟买巨蛋办公楼。

巨蛋办公楼位于印度孟买，是一座令人印象深刻的可持续建筑，它利用被动式太阳能设计，通过减少热增益来调整建筑内部的温度。整座办公楼由太阳能电池板和屋顶的风力涡轮机提供能量，它还能独立收集水分进行花园灌溉。

图7－19　孟买巨蛋办公楼

（7）无锡尚德电力总部办公大楼。

这座大楼于 2009 年 1 月建成，外墙为总面积 1.8 万平方米光伏一体化幕墙，整个工程设计容量为 1 兆瓦，全年发电量超过 100 万度。每年可替代标准煤 340 吨，减排二氧化碳约 600 吨。

图 7-20　无锡尚德电力总部办公大楼

图 7-21　上海世博会零碳馆屋顶绿化和光伏发电

图 7-22　太阳能低碳建筑

2. 太阳能路灯

太阳能路灯是一种利用太阳能作为能源的路灯，因其具有不受供电影响，不用开沟埋线，不消耗常规电能，只要阳光充足就可以就地安装等特点，所以受到人们的广泛关注。又因其不污染环境，而被称为绿色环保产品。太阳能路灯既可用于城镇公园、道路、草坪的照明，又可用

于人口分布密度较小，交通不便，经济不发达，缺乏常规燃料，难以用常规能源发电，但太阳能资源丰富的地区，由此可以解决这些地区人们的日常照明问题。

图 7 – 23   太阳能路灯

澳大利亚布里斯班太阳能人行天桥于 2009 年 11 月建成，这是世界上最长的步行天桥之一，桥上安装了由太阳能提供电能的 LED 照明系统及节日彩灯，桥上装有 84 个太阳能电池组为桥上 LED 灯阵供电，这些太阳能电池组平均日产电 100 度，年产电能 3.6 万度，完全可以满足天桥的日常照明及节日彩灯的供电需求，且每年减排二氧化碳约 37 吨。

图 7 – 24   澳大利亚布里斯班太阳能人行天桥

3. 太阳能汽车

Auroca 太阳能汽车，如图 7 - 25 所示，为澳大利亚新型太阳能汽车。丰田汽车公司在通用型 Prius 混合动力车顶增设太阳能板，为汽车空调提供动力，如图 7 - 26 所示。

瑞士工程师 Louis Palmer 驾驶的太阳能动力汽车，如图 7 - 27 所示，用 17 个月时间，途经近 40 个国家，首次完成周游世界的旅行，据称在行程中未使用汽油。这辆三轮太阳能汽车后边带有一个太阳能充电电池拖车，行驶时速为 90 千米。在夜晚和阴天靠电池提供动力。图 7 - 28 为一种外形别致的太阳能汽车。

美国 Carbon Day Automotive 公司推出的以太阳能为发电能源的太阳能插入式充电站，如图 7 - 29 所示。这种自助式充电站可以让司机轻而易举地为自己的电动车充电，而且整个过程没有任何不利于环境的排放物产生。

图 7 - 25　Auroca 太阳能汽车

图 7 - 26　Prius 混合动力车顶装太阳能板

图 7 - 27　太阳能动力汽车

图 7 - 28　外形别致的太阳能动力汽车

图 7 – 29　太阳能插入式充电站

4. 太阳能帆船

太阳能帆船为安装有太阳能风帆的大型船舶，如图 7 – 30 所示，既可以利用风力推动，又可将风帆转至一定角度，由太阳光提供能源，同时船上还备有蓄电池及其他动力源。

图 7 – 30　安装有太阳能风帆的大型船舶

瑞士设计、德国制造的"图兰星球太阳号"太阳能双体船，如图 7 – 31 所示，全部以太阳能为动力，船长 31 米，宽 15 米，排水量 60 吨，最快速度为 15 海里/小时，造价 2 400 万美元左右，可载 50 人。

图 7 - 31　环球航行中的"图兰星球太阳号"

5. 太阳能飞机

"阳光动力号"太阳能飞机，如图 7 - 32 所示，完全依靠太阳能飞行，拥有与空中客车 A340 飞机一样长的翼展，而重量只相当于一辆中等轿车。它已拥有 13 小时跨国飞行 630 千米的经历，并完成了连续 72 小时模拟驾驶飞行试验。

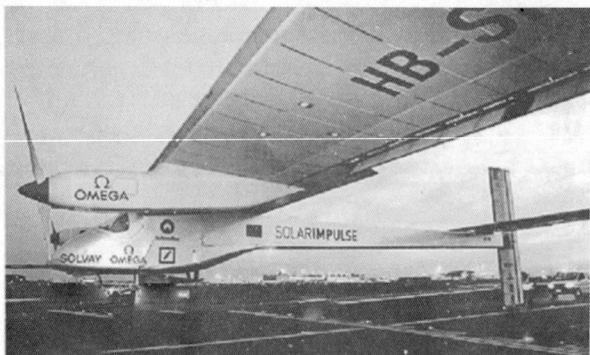

图 7 - 32　"阳光动力号"太阳能飞机

6. 太阳能冰箱

太阳能光电制冷冰箱主要包括太阳能光伏冰箱和太阳能半导体冰箱。太阳能光伏冰箱是在普通传统压缩式冰箱基础上研制成的，由太阳能电池、控制器、蓄电池和冰箱等部件组成。太阳能半导体冰箱主要包括太阳能电池阵列、控制器、蓄电池和半导体制冷装置。

图 7 –33　太阳能冰箱

7. 太阳能空调

太阳能空调系统兼顾供热和制冷两个方面的应用。综合办公楼、招待所、学校、医院、游泳池、水产养殖、家庭等都是理想的应用对象。冬季乃至全年均需要供热，如生活热水、采暖、游泳池水补热调温等，而夏季又需要冰凉世界，以太阳能热水制冷，就是一座中央空调。

太阳能空调制冷。所谓太阳能制冷，就是利用太阳能集热器为吸收式制冷机提供其发生器所需要的热媒水。热媒水的温度越高，则制冷机的性能系数越高，这样空调系统的制冷效率也越高。实践证明，热管式真空管集热器与溴化锂吸收式制冷机相结合的太阳能空调为太阳能的热能利用技术开辟了一个新的应用领域。

太阳能空调制热。冬季需制热时超导太阳能集热器吸收太阳辐射能，经超导液传递到复合超导能量储存转换器。当储热系统温度达到40℃时，中央控温系统自动发出取暖指令，让室内冷暖分散系统处于制热状态，经出风口输出热风。当房间温度达到设定温度值时，停止输出热风，房间的温度低于设定值时，出风口又输出热风，如此自动循环达到取暖的目的（各房间的温度设定是独立的，互相不影响）。如遇到连续的阴天，太阳能不足时，生物质热能发生器投入使用，可以补充太阳

能的不足。

太阳能空调的季节适应性好，系统制冷能力随着太阳辐射能的增加而增大，而这正好符合夏季人们对空调的迫切要求。太阳能空调系统可以将夏季制冷、冬季采暖和其他季节提供热水结合起来，显著地提高了太阳能系统的利用率和经济性，具有广阔的推广应用前景。

利用太阳能供电、供热、供冷、照明，最终实现所谓绿色能源的住居，是世界上许多发达国家的热门研究课题，也将是 21 世纪一个应用面很广、需求量很大的多学科交叉的综合性课题。这是太阳能利用的一个引人注目的发展趋势。

图 7 – 34　各种太阳能空调样机

8. 太阳能（发电）抽水浇地

图 7－35　太阳能（发电）抽水浇地

三、　风能

（一）风能简介

风能是因空气流动产生动能而提供给人类的一种可利用的能量，属于可再生能源。风能作为一种无污染和可再生的新能源有着较大的发展潜力，特别是对沿海岛屿，交通不便的边远山区，地广人稀的草原牧场，以及远离电网或电网还难以到达的农村、边疆，作为解决生产和生活能源的一种可靠途径，有着十分重要的意义。即使在发达国家，风能作为一种高效清洁的新能源也日益受到重视，比如美国能源部就曾经做过调查，单是得克萨斯州和南达科他州两州的风能密度就足以供应全美国的用电量。

风是地球上的一种自然现象，是由太阳辐射引起的。太阳照射到地球表面，地球表面各处受热不同，产生温差，从而引起大气的对流运动形成风。风能就是空气的动能，风能的大小取决于风速和空气的密度。空气流速越高，动能越大。人们可以用风车把风的动能转化为旋转的动力去推动发电机，以产生电力，方法是透过传动轴，将转子（由以空气动力推动的扇叶组成）的旋转动力传送至发电机。风能虽然对大多数国家而言还不是主要的能源，但近年来增长迅速。

现代人们利用涡轮叶片将气流的机械能转为电能而制成发电机。在

古代则利用风车的机械能用来磨碎谷物和抽水，在近代风力则被大规模应用在农场和一些偏远无电的地区。

（二）风能的优缺点

1. 优点

风能为洁净的能量来源，储量丰富，分布广泛，绿色环保，能缓和温室效应。风能设施多为立体化设施，可保护陆地和生态。

2. 风能缺点

风能的利用受地理位置限制，由于风速不够稳定，产生的能量也不太稳定。同时风能的转换效率也较低。虽然风能是新型能源，但相应的使用设备还不是很成熟。

（三）风能的利用

目前，风能技术正处于发展之中，还有较大的发展空间。其主要利用形式如下。

1. 风帆助航

风帆是人类利用风能的开端，是风能最早的利用方式之一。在机动船舶发展的今天，为节约燃油和提高航速，古老的风帆助航也得到了发展，目前已在万吨级货船上采用电脑控制的风帆助航，其节油率可达15%。

2. 风力提水

风力提水从古至今一直得到较普遍的应用，至20世纪下半叶，为解决农村、牧场的生活、灌溉和牲畜用水，风力提水机有了很大的发展。现代风力提水机根据其用途可以分为两类：一类是高扬程小流量的风力提水机，它与活塞泵相配合汲取深井地下水，主要用于草原和牧区，为人畜提供饮水；另一类是低扬程大流量的风力提水机，它与水泵相配合汲取河水、湖水或海水，主要用于农田灌溉、水产养殖或制盐。风力提水机在我国用途十分广泛。

图 7 – 36　风帆助航

图 7 – 37　风力提水

165

3. 风力制热

随着人们生活水平的提高，家庭用热能的需求越来越大，风力制热有了较大的发展空间。风力制热是将风能转换成电能。目前有三种转换方法：一是风力发电机发电，再将电能通过电阻丝转变成热能；二是由风力机将风能转换成空气压缩能，再转换成热能，即由风力机带动离心压缩机，对空气进行绝热压缩而发出热能；三是将风力直接转换成热能，这种方法制热效率最高。风力直接转换成热能也有很多方法，最简单的是搅拌液体制热，即风力机带动搅拌机转动，从而使液体水或油变热。液体挤压制热是利用风力机带动液压泵，使液体加热后再从小孔中高速喷出而使液体加热。此外，还有固体摩擦制热和电涡流制热等方法。

4. 风力发电

利用风力发电已经逐渐成为风能利用的主要形式之一，而且发展速度最快。风力发电通常有三种运行方式：一是独立运行方式，通常是由一台小型风力发电机向一户或几户人家提供电力，用蓄电池蓄能，以保证无风时的用电；二是风力发电与其他发电方式（如柴油机发电）相结合，向一个村庄或一座海岛供电；三是风力发电并入常规电网运行，向大电网提供电力，这是风力发电的主要发展方向。

图 7-38　陆地风力发电

图 7 - 39　海上风力发电

图 7 - 40　风能路灯

（四）风力发电场的选址及运行维护

1. 风力发电场的选址

在风电场建设之初，前期的选址工作是关键。风电场场址直接影响电厂建成投产后的风资源利用率、风电场年发电量以及风电场对周围环境等的影响。风电场微观选址工作涉及气象、地质、交通、电力等诸多领域。

对风能资源的评估是风电场取得良好效益的关键。首先要搜集初选风电场场址周围气象台站的历史观测数据，主要包括海拔高度、风速及风向、平均风速及最大风速、气压、相对湿度、年降雨量、平均气温、极端最高及最低气温以及灾害性天气发生频率的统计结果等。

此外还应该在初选场址内建立测风塔，并进行至少 1 年以上的观测，主要测量离地面 10 ~ 70 米/每百米高处的 10 分钟平均风速和风向、

日平均气温、日最高和最低气温、日平均气压以及 10 分钟脉动风速的平均值。这些风速的测量主要是为了根据风机功率曲线计算发电量，并计算场址区域的地表动力学摩擦速度。对测得的风塔的数据进行整理分析，并将附近气象台站观测的风向、风速数据订正到所选场址区域。

分析气象观测数据及场址地表特征后，可根据以下条件判断所选区域是个适宜建立风电场的区域：

（1）初选场址风资源良好。年平均风速大于 7 米/秒，风速年变化相对较小，30 米高处的年有效风力时数在 6 000 小时以上。风功率密度达到 250 瓦/平方米以上。

（2）初选场址全年盛行风向稳定，主导风向频率在 30% 以上，风向稳定可以增大风能的利用率、延长风机的使用寿命。

（3）初选场址湍流强度要小。湍流强度过大会使风机振动受力不均，降低风机使用寿命，甚至会毁坏风机。

（4）初选场址内自然灾害发生频率要低。强风暴、沙尘暴、雷暴、地震、泥石流多发地区不适宜建立风电场。

（5）初选场址地势相对平坦，交通便利，尽可能靠近电网，风电上网条件较好，且最好远离自然保护区、人类居住区、候鸟保护区及候鸟迁徙路径等。

如果某些地区缺少历史测风数据，同时地形复杂，不适宜通过气象台站观测数据来订正到初选场址，也可以通过以下方法对场址内风资源情形进行评估：地形地貌特征判别法、植物变形判别法、风成地貌判别法及当地居民调查判别法。

2. 风力发电场的运行维护

随着风电场装机容量的逐渐增大，以及在电力网架中的比例不断升高，对大型风电场的科学运行、维护管理逐步成为一个新的课题。风电场运行维护管理工作的主要任务是通过科学的运行维护管理，来提高风力发电机组设备的可利用率及供电的可靠性，从而保证风电场输出的电能质量符合国家电能质量的有关标准。

风电场运行工作的主要内容包括两个部分，分别是风力发电机组的运行和场区升压变电站及相关输送变电设施的运行。风力发电机组的控制系统是采用工业微处理器进行控制，其自身的抗干扰能力强，并且通过通信线路与计算机相连，可进行远程控制。风力机的运行工作就是进行远程故障排除和数据统计分析及故障原因分析。

风力发电机是集电气、机械、空气动力学等学科于一体的综合产品。风力机维护的好坏直接影响到发电量的多少和经济效益的高低；风力机本身性能，也要通过维护检修来保持，维护工作及时有效可以及时发现故障隐患，减少故障的发生，提高风力机效率。风力机维护可分为定期检修和日常维护两种方式。

（五）风能利用现状及发展前景

据统计，到达地球的太阳能中虽然只有大约 2% 转化为风能，但其总量仍十分可观。全球风能约为 1 300 亿千瓦，比地球上可开发利用的水能总量还要大 10 倍。

美国早在 20 世纪 70 年代就开始实行联邦风能计划，并于 80 年代成功地开发了 100 千瓦、200 千瓦、2 000 千瓦、2 500 千瓦、6 200 千瓦、7 200 千瓦六种风力发电机组。目前，美国已成为世界上风力发电机装机容量最多的国家，超过 2×10^4 兆瓦，每年还以 10% 的速度增长。目前世界上最大的新型风力发电机组已在夏威夷岛建成运行，其风力发电机叶片直径为 97.5 米，重 144 吨，风轮迎风角的调整和机组的运行都由计算机控制，年发电量达 1 000 万千瓦。目前，美国风力发电已占总发电量的 2% 以上。瑞典、荷兰、英国、丹麦、德国、日本、西班牙等国也根据各自情况制订了相应的风力发电计划。

我国 20 世纪 70 年代中期就将风能开发利用列入国家重点项目。近年来发展迅速，目前已研制出 100 多种形式、不同容量的风力发电机组，并初步形成了风力发电机产业。尽管如此，与发达国家相比，我国风能的开发利用还相对落后，不但发展速度缓慢而且技术落后，远没有形成规模。我国应在风能的开发利用上加大投入力度，使高效清洁的风能源在我国能源的格局中占有应有的地位。

图7-41　广东汕头南澳风电场

　　广东粤电集团有限公司建设的广东惠来石碑山风电场早在2006年8月整体投运。该电场作为全国首批风电特许经营权示范项目，建有167台国产风机，每台风机容量600千瓦，合计容量100兆瓦，国产化率高达60%。广东省风电市场目前已经启动的新项目有260兆瓦，在规划的有360兆瓦，其中最引人注目的是香港中电控投与瑞典能源巨头ABB公司有意在汕头南澳建设200兆瓦的大型海风电场。目前广东已经投运的风电场为18个，在建约50个。其中南澳风电场是国内三大著名风电场之一，也是目前亚洲地区最大的海岛风电场。粤东南澳岛风力发电机已有218台，总装机容量达12.5万千瓦，可发电超3千亿度/年。

图 7 – 42　内蒙古自治区草原上的风力发电

风力发电在一百多年的发展历程中，由于它造价相对低廉，成了各个国家争相发展的新能源首选。为提高风力发电效率，降低成本，改善电能质量，减少噪音，实现稳定可靠运行，风力发电将向大容量、变转速、直驱化、无刷化、智能化以及微风发电等方向发展。

四、 生物质能

（一） 生物质能简介

生物质是指利用大气、水、土地等通过光合作用而产生的各种有机体，即一切有生命的、可以生长的有机物质通称为生物质。它包括植物、动物和微生物。

从广义上讲，生物质包括所有的植物、微生物以及以植物、微生物为食物的动物及其产生的废弃物。有代表性的生物质如农作物及其废弃物、木材及其废弃物和动物粪便。

从狭义上讲，生物质主要是指农林业生产过程中除粮食、果实以外的秸秆、树木等木质纤维素（简称木质素）、农产品加工业下脚料、农林废弃物及畜牧业生产过程中的禽畜粪便和废弃物等物质。

（二） 生物质能特点

1. 可再生性

生物质能源是从太阳能转化而来，通过植物的光合作用将太阳能转

化为化学能，储存在生物质内部的能量，与风能、太阳能等同属可再生能源，生物质能可实现能源的永续利用。

2. 清洁、低碳

生物质能源中的有害物质含量很低，属于清洁能源。同时，生物质能源的转化过程是通过绿色植物的光合作用将二氧化碳和水合成生物质，生物质能源的使用过程又生成二氧化碳和水，形成二氧化碳的循环合成生物质，能够有效减少人类二氧化碳的净排放量，降低温室效应。

3. 替代优势

利用现代技术可以将生物质能源转化成可替代化石燃料的生物质成型燃料、生物质可燃气、生物质液体燃料等。在热转化方面，生物质能源可以直接燃烧或经过转换，形成便于储存和运输的固体、气体和液体燃料，可运用于大部分使用石油、煤炭及天然气的工业锅炉和窑炉。

4. 原料丰富

生物质能源资源丰富，分布广泛。根据世界自然基金会的预计，全球生物质能源潜在可利用量达 3.5×10^{20} 焦耳/年（约合 82.12 亿吨标准油）。根据我国《可再生能源中长期发展规划》统计，目前我国生物质资源可转换为能源的潜力约为 5 亿吨标准煤，今后随着造林面积的扩大和经济社会的发展，我国生物质资源转换为能源的潜力可达 10 亿吨标准煤。在传统能源日渐枯竭的背景下，生物质能源是理想的替代能源，被誉为继煤炭、石油、天然气之外的第四大能源。

（三）生物质资源分类

1. 林业资源

林业生物质资源是指森林生长和林业生产过程提供的生物质能源，包括薪炭林，在森林抚育和间伐作业中的零散木材、残留的树枝、树叶和木屑等；木材采运和加工过程中的枝丫、锯末、木屑、梢头、板皮和截头等；林业副产品的废弃物，如果壳和果核等。

2. 农业资源

农业生物质资源是指农业作物（包括能源作物）；农业生产过程中的废弃物，如农作物收获时残留在农田内的农作物秸秆（玉米秸、高粱秸、麦秸、稻草、豆秸和棉秆等）；农业加工业的废弃物，如农业生产过程中剩余的稻壳等。能源植物泛指各种用以提供能源的植物，通常包括草本能源作物、油料作物、制取碳氢化合物植物和水生植物等。

3. 污水、废水

生活污水主要由城镇居民生活、商业和服务业的各种排水组成，如冷却水、洗浴排水、盥洗排水、洗衣排水、厨房排水、粪便污水等。工业有机废水主要是酒精、酿酒、制糖、食品、制药、造纸及屠宰等行业生产过程中排出的废水等，其中都富含有机物。

4. 固体废物

城市固体废物主要是由城镇居民生活垃圾，商业、服务业垃圾和少量建筑业垃圾等固体废物构成。其组成成分比较复杂，受当地居民的平均生活水平、能源消费结构、城镇建设、自然条件、传统习惯以及季节变化等因素影响。

5. 畜禽粪便

畜禽粪便是畜禽排泄物的总称，是其他形态生物质（主要是粮食、农作物秸秆和牧草等）的转化形式，包括畜禽排出的粪便、尿及其与垫草的混合物。

6. 沼气

沼气是由生物质转换的一种可燃气体。沼气是一种混合物，主要成分是甲烷。沼气是有机物质在厌氧（没有氧气）条件下，经过微生物的发酵作用而生成的一种混合气体。由于这种气体最先是在沼泽中发现的，所以称为沼气。人畜粪便、秸秆、污水等各种有机物在密闭的沼气池内，在厌氧条件下发酵，种类繁多的沼气发酵微生物分解转化，从而产生沼气。沼气可以燃烧，通常可以供农家用来烧饭、照明。

（四）生物质能利用途径

生物质能的利用主要有直接燃烧、热化学转换和生物化学转换三种途径。

人类对生物质能的利用，包括直接用作燃料的农作物的秸秆、薪柴等；间接作为燃料的农林废弃物、动物粪便、垃圾及藻类等，它们通过微生物作用生成沼气，或采用热解法制造液体和气体燃料，也可制造生物炭。

现代生物质能的利用是通过生物质的厌氧发酵制取甲烷，用热解法生成燃料气、生物油和生物炭，用生物质制造乙醇和甲醇燃料，以及利用生物工程技术培育能源植物，发展能源农场。

（五）生物质利用技术

1. 直接燃烧

生物质的直接燃烧和固化成型技术的研究开发主要着重于专用燃烧设备的设计和生物质成型物的应用。目前已成功开发的成型技术按成型物形状主要分为三类：以日本为代表开发的螺旋挤压生产棒状成型物技术，欧洲各国开发的活塞式挤压制圆柱块状成型技术，以及美国开发研究的内压滚筒颗粒状成型技术和设备。

2. 生物质气化

生物质气化技术是将固体生物质置于气化炉内加热，同时通入空气、氧气或水蒸气，来产生品质较高的能源——可燃气体。它的特点是气化率可达 70% 以上，热效率也可达 85%。生物质气化生成的可燃气经过处理有合成、取暖、发电等不同用途，这对于生物质原料丰富的偏远山区意义重大，不仅能改善他们的生活质量，而且能够提高用能效率，节约能源。

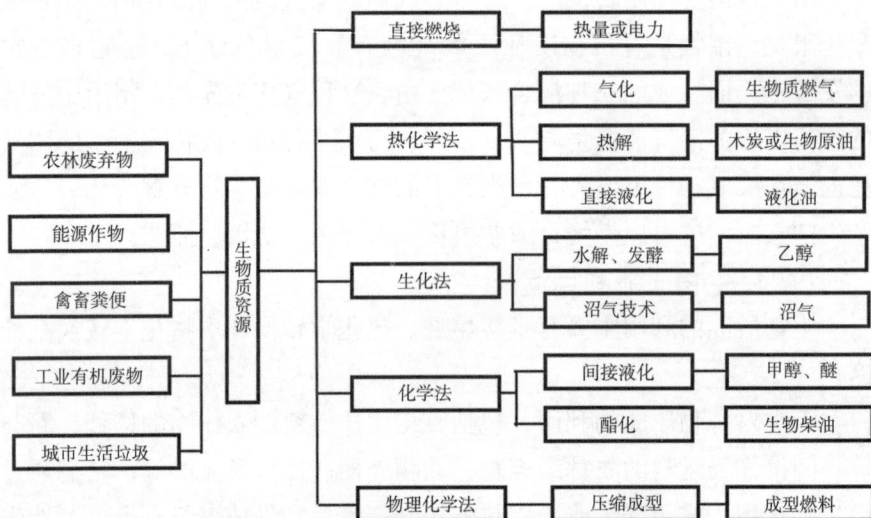

图 7-43　生物质资源分类、工艺及利用技术

3. 液体生物燃料

由生物质制成的液体燃料叫作生物燃料。生物燃料主要包括生物乙醇、生物丁醇、生物柴油、生物甲醇等。虽然利用生物质制成液体燃料起步较早，但发展比较缓慢。由于受世界石油资源、价格、环保和全球气候变化的影响，近年来，许多国家日益重视生物燃料的发展，并取得了显著的成效。

4. 沼气

沼气是各种有机物质在隔绝空气（还原）并且在适宜的温度、湿度条件下，经过微生物的发酵作用产生的一种可燃烧气体。沼气的主要成分甲烷类似于天然气，是一种理想的气体燃料，它无色无味，与适量空气混合后即可燃烧。

5. 生物制氢

氢气是一种清洁、高效的能源，有着广泛的工业用途，潜力较大，生物制氢逐渐成为人们关注的热点，但将其他物质转化为氢并不容易。生物制氢过程可分为厌氧光合制氢和厌氧发酵制氢两类。

6. 生物质发电技术

生物质发电技术是将生物质能源转化为电能的一种技术，主要包括农林废物发电、垃圾发电和沼气发电等。作为一种可再生能源，生物质发电在国际上越来越受到重视，在我国也越来越受到政府的关注和民间的欢迎。

图 7-44　生物质能热电联产工程

图 7-45　生物质→气化炉→燃气净化→内燃机发电

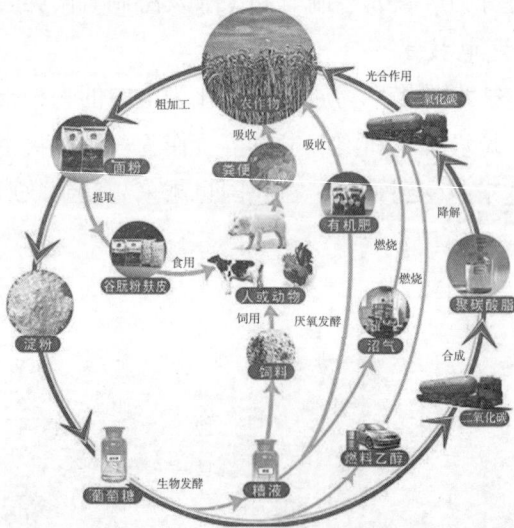

图 7-46　生物质能能量利用

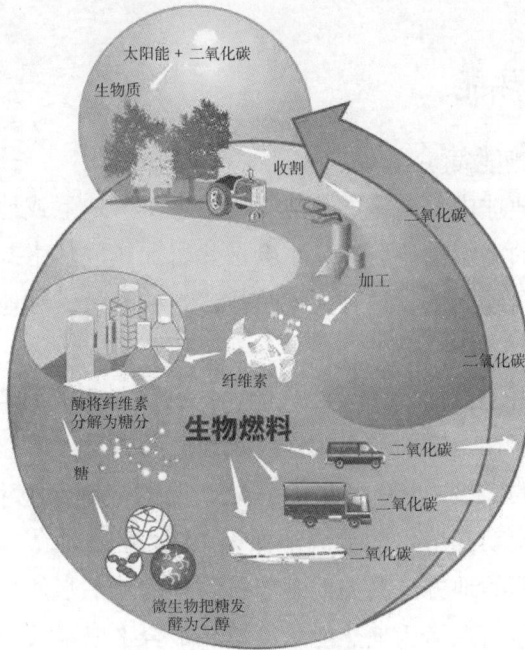

图 7 – 47 生物燃料燃烧循环示意图

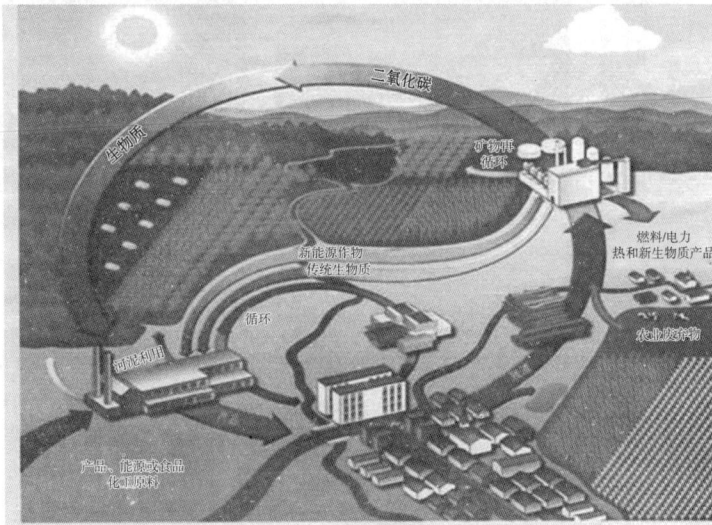

图 7 – 48 生物质利用与碳循环示意图

五、 地热能

（一）地热能简介

地热能指地球内部蕴藏的热能。当雨水渗入地下或地下水流经地球内部不同深处的高温高压区时，水会被热岩加热成热水或热蒸汽，并透过厚厚的地层向外释放，这种大地热流产生的能量，称地热能。地热能是可再生资源。

地热能是由地壳抽取的天然热能，这种能量来自地球内部的熔岩，并以热力形式存在，是引致火山爆发及地震的能量。地球内部的温度高达 7 000℃，而在 80～100 公里的深处，温度会降至 650℃～1 200℃。透过地下水的流动和熔岩涌至离地面 1～5 公里的地壳，热力得以被转送至较接近地面的地方。高温的熔岩将附近的地下水加热，这些加热的水最终会渗出地面。运用地热能最简单和最合乎成本效益的方法，就是直接取用这些热源，并抽取其能量。

图 7-49　地热能

（二）地热能的利用技术

地热能的利用可分为直接利用和地热发电两大类，目前地热能主要是用在发电、采暖、育种、温室栽培和洗浴等方面。

地热能直接利用非常广泛。在工业上，地热能可用于干燥、供暖、加热、制冷、脱水加工、提取化学元素、海水淡化等方面。在农业生产上，地热能可用于温室育苗、栽培作物、养殖牲畜和鱼类等；在浴用医疗方面，人们早就用地热矿泉水医治皮肤病和关节炎等，有些国家还设有专供沐浴医疗用的温泉。

对于不同温度的地热流体可利用的范围如下：200℃～400℃可直接发电及综合利用；150℃～200℃可用于双循环发电、制冷、工业干燥、工业热加工；100℃～150℃可用于双循环发电、供暖、制冷、工业干燥、脱水加工、回收盐类；50℃～100℃可用于供暖、温室育苗、家庭用热水、工业干燥；20℃～50℃可用于沐浴、水产养殖、饲养牲畜、土壤加温、脱水加工。许多国家为了提高地热能的利用率采用了梯级开发和综合利用的办法，如热电联产联供，热电冷三联产，先供暖后养殖等。

利用地热能发电好处很多：建造电站的投资少，通常低于水电站；发电成本比火电、核电及水电都低；发电设备的利用时间较长；地热能比较干净，不会污染环境，发电用过的蒸汽和热水，还可以再利用，如取暖、洗浴、医疗、化工生产等。

1. 地热供热技术

（1）地热水供暖。

地热水供暖是指以地下热水（温泉水）作为热源的城市集中供热方式。地热水供热利用方式简单、经济性好，与其他能源供热方式相比，它还具有节省矿物燃料、不造成城市大气污染等优点，作为一种可供选择的新能源，其开发和利用正在受到重视，特别是位于高寒地区的国家。地热水供暖是目前地热能最广泛的利用形式之一。

开发利用得最好、最早发展大规模地热水供热的国家是冰岛。该国首都雷克雅未克早在1928年就建成世界上第一个地热水供热系统，现今这一供热系统已发展得非常完善，每小时可从地下抽取7 740吨80℃的热水，供全市11万居民使用。冰岛首都被誉为世界上最清洁的城市。此外，匈牙利、日本、新西兰、美国、俄罗斯等许多国家都有地热水供热系统。中国在20世纪70年代初开始试验地热水供热，先后在天津和北京地区开采地热水，用于采暖、洗澡、农业温室以及毛纺厂的产品洗涤等，且发展非常迅速。地热水供热在京津地区已成为地热利用中最普遍的方式。

地热水供暖系统有不回灌和回灌两种。不回灌系统只设置开采井，抽出的地热水被送往用户，经利用后废弃；回灌系统设开采井和回灌井，开采井抽出的水在用户放出热量后再返回回灌井，井和井之间保持一定距离，以免相互干扰。

地热水供热的经济性主要取决于从地热井提取热量，即取决于利用温差的大小。为了使地热井发挥最大的经济效益，在设计上通常采用如下措施，扩大供热面积和降低供热成本。

①在系统中设置高峰加热设备。地热水只承担采暖的基本负荷，高峰负荷由燃用矿物燃料的锅炉或电力设备，包括电加热器或热泵，承担升温补足。

②在系统中加蓄热装置，如蓄热水箱、水池等，以调节短时期内的负荷变化。

③实现多种用途的综合利用，如把采暖后的低温地热水再用于农业温室的土壤加热或养鱼等，以降低排放或回灌水的温度。

另外还有地热热风供暖，即将地热水通过风机加热房间，这适用于热需求量大的建筑物或有防水要求的供暖场合。供暖的热风系统可分为集中送风式和分散加热式。集中送风式是将空气在一个大的热风加热器中用地热水加热，再送到各个供暖房间；分散加热式是将地热水引向各个房间的暖风机或风机盘管系统，以加热房间的空气。

（2）地热务农。

地热在农业中的应用范围十分广阔，也是地热直接利用项目中的主要内容。将地热能直接用于农业在我国日益广泛，北京、天津、西藏和云南等地都建有面积大小不等的地热温室。如利用温度适宜的地热水灌溉农田，可使农作物早熟增产。利用地热给沼气池加温，可提高沼气的产量。水产养殖所需的水温不高，一般低温地热水都能满足需求，利用地热水养鱼，在28℃水温下可加速鱼的育肥，提高鱼的出产率。同时还可将地热采暖、地热温室以及地热工业用过的地热排水再次综合梯级利用，使地热利用率大大提高。地热水产养殖可以分为大规模生产性养殖和建立观赏游乐区。生产性养殖一般采用地热塑料大棚，以鱼苗养殖

越冬为多。观赏游乐区可以放养金鱼、热带鱼及锦鲤等供游人观赏。地热孵化是地热农业利用中的一个分支，利用地热孵化家禽种蛋、育种和种鸡喂养生长的整个过程。随着我国家禽业的发展和养殖场规模的不断扩大，大型孵化机的需求日益增加。目前，我国使用的孵化机均以电为能源，不仅能耗大，而且如果孵化过程中途停电，还会对孵化产生严重后果，而地热水温度恒定，一般在 50℃ ~ 80℃，有利于孵化机内温度控制，地热孵化机不仅可以节省电力，合理利用低品位能源，还可以减少电加热器加热时对胚蛋热辐射的影响。

图 7 - 50　地热温室

地热农业的另一个典型应用是地热温室，利用地热温室可以育秧、种菜、养殖和养花。地热温室的加热由地热水来完成，用于地热温室的地热水的温度可以低到 30℃，很少超过 100℃。温带地区温室保温用的矿物燃料成本一般占产品价格的 15% ~ 20%，因此地热温室具有很大的经济效益。地热温室有两种类型：一种是利用放热地面建温室；另一种是利用热水作为热源建立温室，多数为地上加温，也可利用地上供暖后的热水再通过地下管道为土壤加温。地热温室的结构形式绝大部分为单屋面骨架塑料薄膜温室，夜间尚需加盖草帘，进行保温。

（3）地热医疗。

地热水除温度较高外，还含有多种对人体有益的矿物成分和化学元素，从而使它具有一定的医疗效果。地热水是集热、矿、水三位一体的、具有多种用途的清洁、医疗和保健资源，热矿水被视为一种宝贵的资源，世界各国都很珍惜。由于温泉的医疗作用及伴随温泉出现的特殊的地质、地貌条件，温泉也常常成为旅游胜地，吸引大批疗养者和旅游

者。在日本就有 1 500 多家温泉疗养院，每年吸引约 1 亿人到这些疗养院休养。我国利用地热治疗疾病的历史悠久，含有各种矿物元素的温泉众多，因此，充分发挥地热的医疗作用，发展温泉疗养行业大有可为。未来随着与地热利用相关的高新技术的发展，将使人们能更精确地探明更多的地热资源，地热利用也将进入一个新的发展阶段。

（4）地热工业利用。

地热能在工业领域应用范围很广，工业生产中需要大量中低温热水，地热水用于工业生产过程是比较理想的方案。我国在干燥、纺织、造纸、机械、木材加工、盐分析取、化学萃取、制革等行业中都有应用。其中地热干燥是地热能直接利用的主要项目，地热脱水蔬菜及方便食品等是直接利用地热的干燥产品。地热干燥产品有着良好的国际市场和潜在的国内市场前景。

图 7 - 51　地热医疗

我国中低温地热资源分布广泛，数量大。目前我国中低温地热水利用已有采暖、育种育苗、花卉栽培、水产养殖、蔬菜种植、洗浴、医

疗、孵化育雏、皮革加工、物料干燥、洗染、缫丝、空调、地震观测、发酵、矿泉水饮料等二十余项，且具有良好的发展前景。

2. 地源热泵技术

（1）基本概念。

地源热泵技术是一种利用浅层地热资源，既可供热又可制冷的高效节能的空调技术。地源热泵可以直接利用地热水，也可以利用土壤作为低温热源，即在土壤中埋管吸收热能通过热泵向室内供暖和供热水。根据《地源热泵系统工程技术规范》（GB 50366—2005）规定，地源热泵系统是指以岩土体、地下水或地表水为低温热源，由水源热泵机组、地热能交换系统、建筑物内系统组成的供热空调系统。

地温全年波动小，冬暖夏凉，因此地热可分别在冬季作为热泵供暖的热源和夏季空调的冷源，即冬季从土壤中采集热量，提高温度后供给室内采暖；夏季从土壤中采集冷量，把室内多余热量抽取释放到土壤中去。由于空气源热泵在冬季性能急剧下降，容易发生结霜、结冻等问题影响热泵的运行，因此地源热泵日益得到重视和推广应用。

（2）主要类型。

根据地热能交换系统形式的不同，地源热泵系统分为地埋管地源热泵系统、地下水地源热泵系统和地表水地源热泵系统三种。

①地埋管地源热泵系统。

地埋管地源热泵系统包括一个土壤耦合地热交换器，它或是水平地安装在地沟中，或是以 U 形管状垂直安装在竖井中。它通过循环液（水或以水为主要成分的防冻液）在封闭地下埋管中的流动，实现热泵系统与大地之间的传热。

②地下水地源热泵系统。

地下水地源热泵系统分为两种，一种被称为开式系统，另一种则为闭式系统。开式地下水地源热泵系统是将地下水直接供应到每台热泵机组，之后将井水回灌地下，由于可能导致管路阻塞，更重要的是可能导致腐蚀发生，通常不建议在地源热泵系统中直接应用地下水。在闭式地下水地源热泵系统中，地下水和建筑内循环水之间是用板式换热器分

开的。

③地表水地源热泵系统。

地表水地源热泵系统，由潜在水下的多重并联的塑料管组成的地下水热交换器取代土壤热交换器。地表水地源热泵系统的热源是池塘、湖泊或河溪中的地表水。

（3）主要特点。

地源热泵系统有着突出的技术优点：①高效节能，低污染，地源热泵系统在冬季供暖时，不需要锅炉或增加辅助加热器，没有氮氧化物、二氧化硫和烟尘的排放，因而无污染。②分散供暖，大大提高了城市的能源安全。③运行和维护费用低，简单的系统组成，使得地源热泵系统无须专人看管，也无须经常维护。简单的控制设备，运行灵活，系统可靠性强。④节省占地空间，没有冷却塔和其他室外设备，节省了空间，并改善了建筑物的外部形象。⑤较长的使用寿命，通常机组寿命在15年以上。⑥供暖空调的同时，可提供生活热水。

（4）存在的问题。

尽管地源热泵是一种高效节能的环保技术，但在工程建设中仍然面临诸多的问题，具体有以下几点：①暖通空调技术与其他技术的配套。地源热泵技术是暖通空调技术与水文地质钻井技术相结合的综合技术，两者缺一不可，这就要求工程组织者和工程技术人员能够合理协调，做好充分的技术经济分析。②环境的影响。地源热泵空调系统钻井对土壤热度、湿度及盐分迁移的影响研究有待进一步深入，如何使不利因素减少到最小是必须考虑的问题。③投资问题。并不是所有的地源热泵系统都是经济合理的，由于钻井费用占整个系统初投资的30%以上，有些投资者可能会考虑其成本问题。④安装维修。目前地源热泵系统的安装费用与电制冷、天然气热系统相比较高，它的回收期是5~8年。⑤岩土特性。岩土的特性随地点的变化而有所差别，在一个地区的研究结果可能完全不适用于另一地区，必须实地测试进行相应的修正甚至重新研究。

3. 地热制冷技术

地热制冷是以地热蒸汽或地热水为热源提供的热能为动力，驱动吸收式制冷设备制冷。吸收式制冷的工质是二元溶液，以溶液中沸点较低、受热易挥发的组分为制冷剂，而沸点较高的组分为吸收剂。吸收式制冷到目前为止，最广泛使用的工质是氨—水溶液和水—溴化锂溶液两种，也就是以氨为制冷剂、水为吸收剂的氨吸收式制冷装置和以水为制冷剂、溴化锂为吸收剂的溴化锂吸收式制冷。

地热吸收式制冷的原理为地热蒸汽或地热水在发生器内加热一定浓度的溶液，使较低沸点的制冷剂蒸发为蒸汽。同时溶液浓度发生变化，进入冷凝器，在冷凝器中被冷却水冷凝为制冷剂液体，再经减压阀送到蒸发器，而吸取冷媒的热量气化制冷。制冷后的制冷剂蒸汽进入吸收器被发生器送来浓度发生了变化的溶液所吸收，又恢复到原来浓度再输送到发生器循环使用。

地热制冷空调系统一般要求以70℃以上的地下热水为动力，输出7℃~9℃的冷水，用于室内空调，机组的电耗只有制冷机组输出功率的3%，地热水经过制冷后可为用户提供约55℃的生活热水。地下热能资源用于冬季采暖，夏季可实现制冷空调，并提供生活热水，使地热能全年得到高效综合利用。

4. 地热发电技术

（1）地热发电技术简介。

地热发电的过程就是把地下热能首先转变为机械能，然后把机械能转变为电能的过程，原理和火力发电是一样的。所不同的是地热发电不像火力发电那样需要具备庞大的锅炉，也不需要消耗燃料，它所用的能源是地热能。

根据可利用地热资源的特点以及技术方案的不同，地热发电主要分为地热蒸汽、地下热水、联合循环和地下热岩发电四种方式。

①地热蒸汽发电。地热蒸汽发电，即利用地热蒸汽推动汽轮机运转，产生电能。地热蒸汽发电系统技术成熟、运行安全可靠，是地热发电的主要形式。西藏羊八井地热电站采用的便是这种形式。

图 7-52　西藏羊八井地热发电站

②地下热水发电。地热水按常规发电方法是不能直接送入汽轮机发电的，必须以蒸汽状态输入汽轮机做功发电。对温度低于100℃的非饱和状态地下热水发电，有两种方法：

a. 闪蒸（减压扩容法）地热发电。

闪蒸地热发电是将地热井口引来的地热水，先送到闪蒸器中，利用抽真空装置，使进入扩容器的地下热水减压汽化，产生低于当地大气压力的扩容蒸汽，即进行降压或称扩容闪蒸，然后将汽和水分离、排水、输汽引到常规汽轮机做功发电，这种系统称为闪蒸系统。

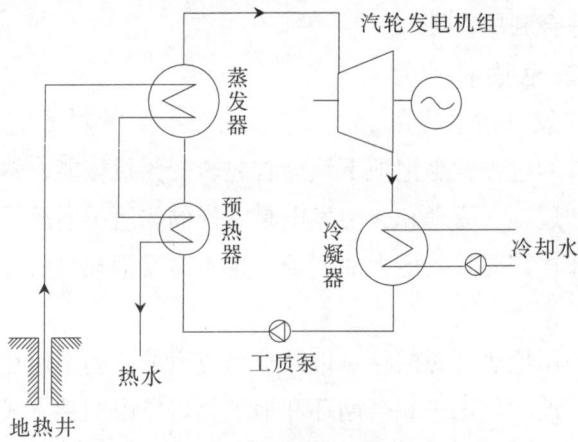

图 7-53　闪蒸系统发电流程图

b. 中间介质法地热发电。

中间介质法地热发电是利用低沸点物质，如氯乙烷、正丁烷、异丁烷和氟利昂等作为发电的中间工质，通过热交换器利用地下热水来加热某种低沸点的工质，使低沸点物质迅速气化变为蒸汽，进而利用所产生的蒸汽推动汽轮机旋转，带动发电机发电，做功后的工质从汽轮机排入凝汽器，并在其中经过冷却系统降温，又重新凝结成液态工质后再循环使用。

③联合循环发电。

联合循环发电系统就是把蒸汽发电和地热水发电两种系统合二为一，它最大的优点就是适用于高于150℃的高温地热流体发电，经过一次发电后的流体，在不低于120℃的工况下，再进入双工质发电系统，进行二次做功，充分利用了地热流体的热能，既提高了发电效率，又将经过一次发电后的排放尾水进行再利用，大大节约了资源。这种地热发电系统采用100％的地热水回灌，从而延长了地热田的使用寿命。该机组目前已经在一些国家安装运行，经济效益和环境效益都很好。

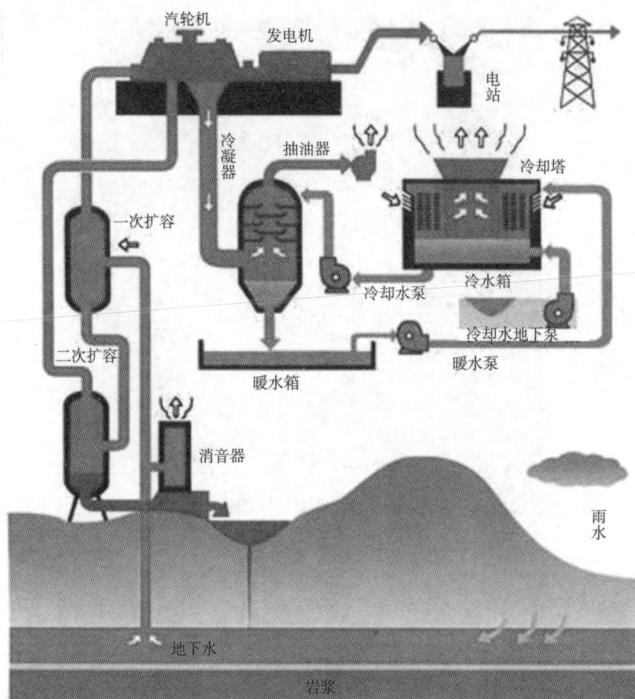

图7-54　地热发电联合循环系统流程

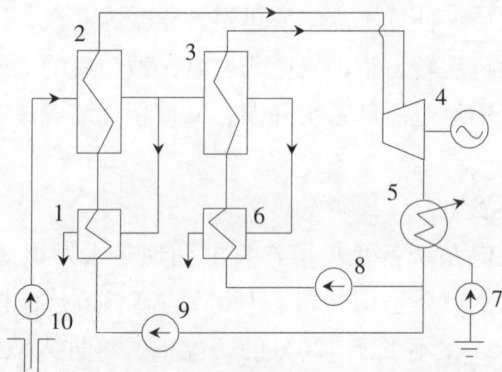

1. 第一级预热器；2. 第一级蒸发器；3. 第二级蒸发器；4. 汽轮发电机组；

5. 冷凝器；6. 第二级预热器；7. 循环水泵；8. 第二级工质泵；

9. 第一级工质泵；10. 深井泵

图7–55　广东丰顺地热发电联合循环系统流程

图7–56　地热发电系统

④地下热岩发电。

利用地下热岩发电有两种方法，即干热岩过程法和岩浆发电。前者的开发潜力很大，后者只限于理论探讨。

图 7 - 57 各种地热发电厂

（三）地热能的分布及利用现状

1. 地热能分布

地热能集中分布在地球各板块边缘一带，该区域也是火山和地震多发区。如果热量提取的速度不超过补充的速度，那么地热能便是可再生的。地热能在世界很多地区应用相当广泛。据估计，每年从地球内部传到地面的热能相当于 100 帕瓦·时。不过，地热能的分布相对来说比较分散，开发难度大。目前世界上最大的地热电站是美国的盖瑟尔斯地热电站。我国的地热资源也很丰富，主要分布在云南、西藏、河北等省地，但开发利用程度较低。

世界地热资源主要分布于以下五个地热带：

①环太平洋地热带。世界最大的太平洋板块与美洲、亚欧、印度洋板块的碰撞边界，即从美国的阿拉斯加、加利福尼亚到墨西哥、智利，从新西兰、印度尼西亚、菲律宾到中国、日本。世界许多地热田都位于这个地热带，如美国的盖瑟尔斯地热田，墨西哥的普列托地热田、新西兰的怀腊开地热田、中国台湾的马槽地热田，日本的松川、大岳等地热田。

②地中海、喜马拉雅地热带。亚欧板块与非洲、印度洋板块的碰撞边界，从意大利直至中国的云南、西藏。如意大利拉德瑞罗地热田和中国西藏羊八井及云南腾冲地热田均属这个地热带。

③大西洋中脊地热带。美洲板块的开裂部位，包括冰岛和亚速尔群岛的一些地热田。

④红海、亚丁湾、东非大裂谷地热带。包括肯尼亚、乌干达、扎伊尔、埃塞俄比亚、吉布提等国的地热田。

⑤其他地热区。除各板块边界形成的地热带外，在板块内部靠近边界的部位，也有高热流区，可以蕴藏一些中低温地热，如中亚、东欧地区的一些地热田和中国的胶东、辽东半岛及华北平原的地热田。

2. 地热能利用现状

在各种可再生能源的应用中，地热能显得较为低调，人们更多地关注来自太空的太阳能，却忽略了地球本身赋予人类的丰富资源，而地热能将有可能成为未来能源的重要组成部分。

相对于太阳能和风能的不稳定性，地热能是较为可靠的可再生能源，这让人们相信地热能可以作为煤炭、天然气和核能的最佳替代能源。

美国的地热能使用仅占全国能源组成的 0.5%。据麻省理工学院的一份报告指出，美国现有的地热系统每年只采集约 3 000 兆瓦能量，而保守估计，可开采的地热资源达到 10 万兆瓦。有相关专家指出，倘若给予地热能源相应的关注和支持，在未来几年内，地热能很有可能成为与太阳能、风能等量齐观的新能源。

我国在地热资源开发中，经过多年的技术积累，地热发电效益显著提升。除地热发电外，直接利用地热水进行建筑供暖、发展温室农业和温泉旅游等也得到较快发展。全国已经基本形成以西藏羊八井为代表的地热发电、以天津和西安为代表的地热供暖、以东南沿海为代表的疗养与旅游及以华北平原为代表的种植和养殖的开发利用格局。

（四）利用地热能存在的问题

和其他可再生能源起步阶段一样，地热能形成产业过程中面临的最大问题也是来自资金和技术。地热产业属于资本密集型行业，从投资到收益过程较为漫长，只能在政府相关优惠政策的支持下，才能得到发展壮大。同时存在的主要技术问题是回灌和结垢问题。

六、 水能

（一）水能简介

水能是指水体的动能、势能和压力能等能量资源。人们目前最易开发和利用的、技术比较成熟的也是河流水能源。广义的水能资源包括河流水能、潮汐水能、波浪能、海流能等能量资源；狭义的水能资源指河流的水能资源。本书所述的水能是指河流水能。水能主要用于水力发电，即将水的势能和动能转换成电能。

（二）水能的特点

水能资源最显著的特点是可再生、无污染。开发水能对促进国民经济发展，改善能源消费结构，缓解由于消耗煤炭、石油资源所带来的环境污染有重要意义，因此世界各国都把开发水能放在能源发展战略的优先地位。

图7-58　水电站

水能存在的不足表现在：①水能分布受水文、气候、地貌等自然条件的限制较大。②水容易受到污染，也容易被地形、气候等多方面的因素所影响。③水能对生态会造成破坏。大坝以下水流侵蚀加剧，河流的变化会对动植物及生态等造成影响。

（三）水电厂分类

水电厂按集中落差方式分，可分为堤坝式水电厂、引水式水电厂和混合式水电厂。按径流调节的程度分，可分为无调节水电厂和有调节水电厂。按水源的性质分，可分为常规水电站和抽水蓄能电站。按水电站利用水头的大小分，可分为高水头（70 米以上）、中水头（15～70 米）和低水头（低于 15 米）水电站。按水电站装机容量的大小分，可分为大型、中型和小型水电站。一般装机容量 5 000 千瓦以下的为小型水电站，5 000～100 000 千瓦为中型水电站，10 万千瓦或以上为大型水电站，或称巨型水力发电站。

（四）水能源利用现状

1. 国外现状

世界各国水能源分布不均。据统计，已查明的可开发水能，我国占第一位，其次为俄罗斯、巴西、美国、加拿大等。世界上工业发达的国家，普遍重视水电的开发利用。有些发展中国家也大力开发水电，以加快经济发展的速度。世界上水能比较丰富，而煤、石油资源少的国家，如瑞士、瑞典，水电占全国电力工业的 60% 以上。水、煤炭、石油资源都比较丰富的国家，如美国、俄罗斯、加拿大等国，也在大力开发水电。美国、加拿大开发的水电已占可开发水能的 40% 以上。水能少而煤炭资源丰富的国家，如德国、英国，对仅有的水能资源也尽量加以利用，开发程度很高，已开发的约占可开发的 80%。水、煤炭、石油资源都很贫乏的国家，如法国、意大利等，开发利用程度更高，已超过 90%。委内瑞拉盛产石油，水电比重也占 50%。由此可见，许多国家在发展电力工业中，都优先发展水电。

2. 我国现状

我国水力资源总量较多，占世界总量的 16.7%，居世界之首，但

开发利用率较低，目前我国水能开发利用量约占可开发量的 1/4，低于发达国家 60% 的平均水平。同时，我国水力资源分布不均，与经济发展不匹配。水力资源西部多，东部少，相对集中在西南地区，而经济发达、能源需求大的东部地区水力资源极少。展望未来，环保友好、和谐发展水电技术是未来水电利用技术的主力。高新技术不断提升水电工程技术含量，相应的标准、规范不断完善。流域、梯级、滚动、综合有序地开发将成为水电开发利用的重要趋势。

七、 海洋能

（一）海洋能简介

海洋能是指依附在海水中的可再生能源，海洋通过各种物理过程接收、储存和释放能量，这些能量以潮汐能、波浪能、海流能、海水温差能、海洋盐差能等形式存在于海洋之中。一望无际的大海，不仅为人类提供航运、水源和丰富的矿藏，还蕴藏着巨大的能量。海洋能包括海面上空的风能、海水表面的太阳能和海里的生物质能。

海洋能的利用是指借助一定的方法、设备把各种海洋能转换成电能或其他可利用形式的能。由于海洋能具有可再生性和不污染环境等优点，因此是一种亟待开发的具有战略意义的新能源。

图 7-59　海洋能

（二）海洋能发电技术

1. 海洋能发电

海洋能发电即利用海洋所蕴藏的能量发电。海洋能蕴藏丰富，分布

广，清洁无污染。海洋能开发利用的方式主要是发电，其中潮汐发电和小型波浪发电具有代表性。

（1）潮汐能发电。

潮汐能发电是利用海水潮涨潮落的势能发电。实践证明，潮涨、潮落的最大潮位差为10米以上（平均潮位差≥3米）才能获得经济效益，否则难于实用化。人类利用潮汐发电已有近百年的历史，潮汐发电是海洋能利用技术中最成熟、规模最大的一种。

潮汐发电的工作原理：在适当的地点建造一个大坝，涨潮时，海水从大海流入坝内水库，带动水轮机旋转发电；落潮时，海水流向大海，同样推动水轮机旋转而发电。因此，潮汐发电所用的水轮机需要在正反两个方向的水流作用下均能同向旋转。

潮汐发电站按照运行方式和设备要求，可分为单库型、双库型和水下潮汐发电站三种。

图 7-60　温岭江厦潮汐发电站

（2）波浪能发电。

波浪能发电利用的是海面波浪上下运动的动能发电。目前世界上波浪能利用技术可分为振荡水柱技术、筏式技术、收缩波道技术、摆式技术、点吸收（振荡浮子）技术、鸭式技术、波流转子技术、虎鲸技术、波擎流技术、波浪旋流技术等。

（3）海流能发电。

海流能发电是利用海洋中部分海水沿一定方向流动的海流和潮流的

动能发电，其原理和风力发电相似，所以任何一个风力发电装置都可以改造成海流发电装置，故海流发电又称为水下风车。

（4）海水温差能发电。

海水温差能是指海洋表层海水和深层海水之间水温差的热能。海水温差能发电是利用海洋表层海水把太阳的辐射能转化为热能，形成热水层（26℃~27℃）与深层海水（1℃~6℃）的温差而发电的方式。海水的热传导率低，表层的热量难以传到深层，许多热带或亚热带海域终年形成20℃以上的垂直温差，利用此温差可实现热力循环发电。

（5）海洋盐差能发电。

海洋盐差能发电是将不同盐浓度的海水之间的化学电位差能转换成水的势能，再利用水轮机发电。主要形式有渗透压式、蒸汽压式和机械—化学式等，其中渗透压式最受重视。

2. 海洋能发电技术应用前景

21世纪，海洋将为人类提供生存空间、食品、矿物、能源及水资源等。从技术发展来看，潮汐能发电技术最为成熟，达到了商业开发阶段，已建成的法国朗斯电站、加拿大安纳波利斯电站、中国的江厦电站均已运行多年。波浪能发电和潮流能发电还处于技术攻关阶段，英国、丹麦、挪威、意大利、澳大利亚、美国、中国等国家建造了多种波浪能、潮流能装置，逐渐将技术推向实用。海水温差能还处于研究初期，迄今只有美国建造了一座海水温差能电站进行技术探索。

我国的海洋发电已有较好的基础和丰富的经验，小型潮汐能发电技术成熟，已具备开发中型潮汐发电站的技术条件。

图7-61　潮汐

图7-62　潮汐发电站

（三）海洋能海水淡化简介

除了利用海洋能发电，利用海洋能进行海水淡化也是一种重要的可再生能源利用技术，并且具有非常广阔的应用前景。

海洋能海水淡化是指将海洋能利用与海水淡化方法结合，使得海洋能完全或部分承担海水淡化所需的能源。目前能大规模用于商业用途的海水淡化方法主要有蒸馏法及反渗透法，但二者能耗都非常高。而且，目前常规海水淡化所利用的能源主要是化石燃料，这不仅产生大量的碳排放，也加剧了能源危机。海洋能海水淡化相对于其他可再生能源海水淡化来说，最大的优势在于能源与海水都来自大海，这样可以使得整个系统的效率得到提高。因此，将可再生的海洋能应用于海水淡化，具有很好的前景。

目前利用海洋能海水淡化的技术主要有以下三种：

（1）波浪能海水淡化。波浪能目前主要用来发电，将其应用到海水淡化的研究还比较少。

（2）潮汐能海水淡化。迄今关于潮汐能海水淡化的研究还较少。

（3）海洋温差能海水淡化。海洋温差能相对其他海洋能来说，不存在间歇、受昼夜和季节的影响或影响较小。但是海洋温差能利用系统所需的冷海水往往需要从 500 ~ 1 000 米的深海获得。这就大大提升了投资及维护成本，从而也限制了其商业发展。

目前，海洋能海水淡化的发展缓慢，研究主要集中在波浪能海水淡化，绝大多数的海洋能海水淡化仍处于理论或是小型实验研究阶段。主要原因为海洋能海水淡化得到的重视不够，以及海洋能海水淡化的研究成本大。今后，海洋能海水淡化的研究将朝着大规模、低成本的方向发展，从而实现海洋能海水淡化规模生产。

参考文献

［1］科学技术部社会发展科技司，中国 21 世纪议程管理中心. 全民节能减排实用手册［M］. 北京：社会科学文献出版社，2007.

［2］北京节能环保服务中心. 生活节能读本［M］. 北京：经济日报出版社，2006.

［3］戴冕. 低碳生活达人秘籍［M］. 长沙：湖南科学技术出版社，2012.

［4］陈朝东，等. 日常节能环保知识问答［M］. 北京：化学工业出版社，2006.

［5］《保护母亲河行动生活丛书》编委会. 保护母亲河行动生活丛书：节能篇［M］. 北京：中国环境科学出版社，2006.

［6］莫松平，陈颖. 新能源技术现状与应用前景［M］. 广州：广东经济出版社，2015.

［7］张辉. 话说太阳能［M］. 南宁：广西教育出版社，2013.

［8］钱伯章. 太阳能技术与应用［M］. 北京：科学出版社，2010.

［9］施鹤群. 话说新能源［M］. 南宁：广西教育出版社，2013.

［10］2017 年中国酒店行业发展趋势及市场前景预测［EB/OL］. http：//www. chyxx. com/industry/201701/485984. html，2017 - 01 - 11.

［11］http：//guangfu. bjx. com. cn/news/20150629/635786 - 3. shtml.